TRAITÉ PRATIQUE

DE

GRAVURE EN DEMI-TEINTE

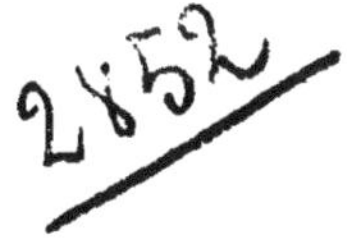

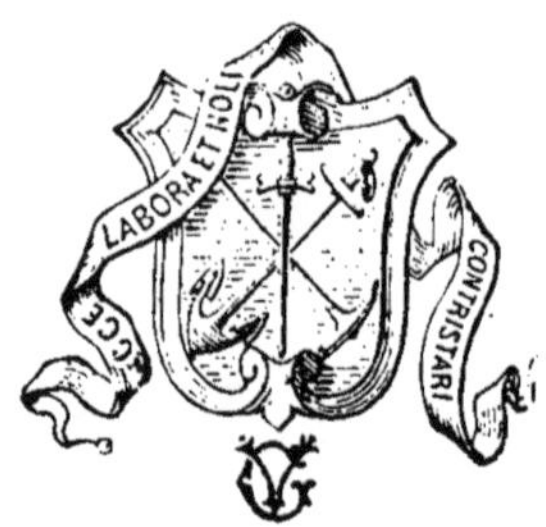

ECCE
LABORA ET NOLI
CONTRISTARI

BIBLIOTHÈQUE PHOTOGRAPHIQUE

TRAITÉ PRATIQUE

DE

GRAVURE EN DEMI-TEINTE

PAR L'INTERVENTION EXCLUSIVE

DU CLICHÉ PHOTOGRAPHIQUE

Par GEYMET.

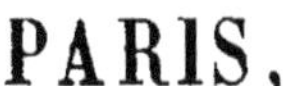

PARIS,

GAUTHIER-VILLARS ET FILS, IMPRIMEURS-LIBRAIRES,

ÉDITEURS DE LA BIBLIOTHÈQUE PHOTOGRAPHIQUE,

Quai des Grands-Augustins, 55.

1888

PRÉLIMINAIRES.

GÉNÉRALITÉS. — EXPLICATIONS PRÉALABLES.

Dans les recherches qui visent l'extension des procédés photographiques, il est sage, croyons-nous, de s'en tenir, sans rigueur, aux réactions connues. Elles suffisent à tous les besoins. Elles se prêtent à un grand nombre d'applications, à des procédés analogues à ceux qui sont en cours d'exploitation et à d'autres encore qu'il faut fixer par l'observation des faits, par l'étude des réactions et par l'adaptation d'une méthode semblable à une autre méthode et dérivant comme elle du même principe.

Il en est des procédés qui préparent le travail, comme des presses qui réalisent la production.

On perdrait son temps et sa peine en cherchant à remplacer la presse par un appareil d'un nouveau genre. Il est plus sensé d'améliorer le levier, la disposition des rouleaux encreurs, le mécanisme des repères, etc.

C'est de ces soins intelligents que dépendra la supériorité des épreuves.

L'action de la lumière sur les sels sensibles qui est le point de départ de tous nos travaux, les réactions qui en résultent, et qui ont été étudiées avec persévérance et ténacité, nous fournissent les éléments utiles pour tous les genres d'applications photographiques.

Les principes sont fixés définitivement et aussi sûrement dans la pratique que ceux qui établissent les vérités géométriques. Il serait puéril de prétendre augmenter les axiomes de Géométrie. L'ingénieur et le constructeur n'ont rien de mieux à faire que d'appliquer les règles qui déterminent la valeur des angles et des sinus, sans chercher s'il n'y aurait pas d'autres méthodes conduisant aux mêmes fins.

Nous croyons aussi que ceux pour qui les études héliographiques ont quelque attrait doivent, avant tout, se borner à déduire les applications industrielles des faits acquis pour en extraire tout ce qu'ils peuvent donner.

Il est certain pour tous, et nous l'avons déjà dit, qu'il n'y a pas seulement à glaner, mais à moissonner à pleine faucille dans le domaine où Niepce, Poitevin, Talbot et tant d'autres ont récolté en maîtres du champ.

La Science, en effet, quelle que soit la partie étudiée, n'a que fort peu acquis relativement à ce qui reste à surprendre.

Le fait que nous voulons surtout établir, c'est que les éléments d'ores et déjà connus, qui constituent l'ensemble des connaissances photographiques, peuvent suffire pour améliorer les procédés.

On en trouvera une preuve dans la nouvelle méthode de gravure qui sera développée dans ce Livre et qui ne repose que sur des faits connus et appliqués.

Rien n'y est nouveau, et pourtant cette méthode est toute neuve. Les procédés, dans l'ordre d'idées que nous énonçons, ne s'inventent pas, ils s'offrent d'eux-mêmes à l'observateur dans le travail et dans l'application d'un fait similaire. Ils se présentent d'eux-mêmes sans recherches préméditées.

On entrevoit, en manipulant, les conséquences heureuses qui résulteraient d'une interversion introduite dans le système déjà exploité et qui rendrait les résultats meilleurs.

On constate ensuite que cette modification n'a rien d'impossible et l'on arrive par degré à fixer le procédé.

Mais s'il a fallu quelque patience, de l'observation et du travail pour se faire la main et de la réflexion pour classer l'ordre des opérations, il est évident que le lecteur, quoique trouvant une direction sûre, sera forcé de passer par les mêmes fourches caudines et qu'il ne sera pas maître du procédé par la simple lecture du Livre.

Ce n'est qu'après des études sérieuses d'application, qu'il tirera de la méthode tout ce qu'elle peut donner.

TRAITÉ PRATIQUE

DE

GRAVURE EN DEMI-TEINTE

CHAPITRE PREMIER.

Méthode rationnelle.

La méthode de report dans la gravure en creux et en relief est la seule rationnelle.

Dans la plupart des cas, elle se substitue naturellement aux autres procédés.

Le but cherché, le point de départ de la gravure chimique, en général, est l'obtention d'une première épreuve héliographique aussi parfaite que possible, qui, traitée ensuite par les moyens usités en gravure ordinaire, laisse sur le métal une empreinte plus ou moins accentuée en creux ou en relief, capable de fournir sous le rouleau ou par le tampon des copies parfaites de l'original.

Or, depuis que la Phototypie s'est assise et que

le procédé est dans toute son activité et dans tout son développement, le travail de gravure est pour ainsi dire à la portée de tous ceux qui peuvent encrer une planche de gélatine et développer au rouleau une épreuve parfaite sur la couche sensible. Au surplus, cette opération est tellement simple et facile, qu'il suffit de voir opérer une seule fois pour être au courant du travail. Il ne reste plus qu'à suivre exactement les formules pour préparer la couche sensible.

Le lithographe ne procède pas autrement sur pierre et sur zinc, quand il a à reproduire des dessins au trait.

Si donc une épreuve tirée d'une planche gravée et reportée ensuite sur le métal ou sur la surface calcaire est suffisante pour assurer la reproduction et la multiplication du dessin primitif, il serait à coup sûr étrange qu'une épreuve identique prise sur couche de gélatine ne possédât pas les mêmes propriétés en traitant le zinc ou la pierre comme précédemment.

Nous savons bien pourquoi quelques imprimeurs sont rétifs à ces méthodes rationnelles. Il leur en coûte de sortir de la routine, et ils ne se résolvent que difficilement à sacrifier quelques heures de leur temps à une étude facile, mais qui est en dehors du cadre de leur travail habituel.

Ce n'est pourtant que par le report de Phototypie, qui n'exige aucune modification dans l'impression lithographique, que l'imprimeur sur pierre et sur zinc peut résoudre le problème difficile de reproduire les dessins de teintes sans avoir recours au pointillé du crayon.

Nous comprenons fort bien que le lithographe laisse à l'écart les procédés nombreux de gravure héliographique qui sont indiqués dans plusieurs de nos Traités (¹) et qui s'éloignent plus ou moins de la voie lithographique. Le temps est précieux et l'étude de ces méthodes peut entraîner loin et ne pas aboutir dans des mains peu exercées aux manipulations chimiques. La Phototypie, au contraire, n'est autre chose que la Lithographie simplifiée, et la méthode sur cuivre qui ne vise, dans ce sens, que la production de quelques épreuves, pour en choisir la meilleure qui servira au report, n'exige aucune installation particulière, sauf une étuve pour sécher les couches de gélatine.

En dehors de la Phototypie, la reproduction lithographique de la teinte, la reproduction courante et industrielle surtout, est un travail délicat, toujours plus ou moins compliqué, qui ne peut être exécuté que par des mains habiles et exercées.

Le report de gélatine simplifie étonnamment cette question, et l'on a vu dans notre *Traité pratique de gravure et d'impression sur zinc par les*

(¹) GEYMET, *Traité pratique de gravure héliographique et de galvanoplastie*. 3e édition. In-18 jésus; 1888. (Paris, Gauthier-Villars).

procédés héliographiques [1] qu'il suffit de reporter sur zinc grainé l'épreuve tirée d'un cliché photographique sans modification aucune, pour obtenir des copies exactes et artistiques du sujet fixé par la lumière.

Il est vrai qu'il faut connaître exactement le maniement du rouleau et savoir traiter le zinc comme il convient, pour prétendre à des résultats constants et réguliers. Mais on se familiarise en peu de temps avec le zinc qui n'est pas inabordable comme on veut le dire, si peu qu'on veuille s'en donner la peine.

Nous ne reviendrons pas sur tout ce qui a été dit dans notre Traité sur l'impression sur zinc, nous développerons ici de nouveaux aperçus qui, nous l'espérons, intéresseront le lecteur et tous ceux qui s'occupent d'impression et de gravure. Nous sommes persuadé que les modifications que nous indiquons et qui se lient à des matières déjà traitées, permettront à plusieurs de perfectionner leurs travaux et d'arriver peut-être à des résultats supérieurs et inespérés.

[1] GEYMET, *Traité pratique de gravure et d'impression sur zinc par les procédés héliographiques*. 2 vol. in-18 jésus; 1887 (Paris, Gauthier-Villars.)

CHAPITRE II.

Gravure en creux et en relief sur cuivre à l'aide de trois reports.

EXPOSITION DE LA MÉTHODE.

Nous avons déjà décrit un procédé de gravure en taille-douce à l'aide d'une couche mince de gélatine étendue sur une planche de cuivre. La gélatine est renouvelée trois fois, après morsure au perchlorure de fer.

Dans cette méthode, comme on a pu le voir, l'insolation de chacune des trois couches a lieu à travers un positif sur glace. Les positifs, au nombre de trois, sont gradués de telle sorte que la première insolation insolubilisant seulement les grands blancs, c'est-à-dire les parties transparentes du premier cliché positif qui a le moins de pose, ne permet au mordant de pénétrer la gélatine que dans les parties soustraites à la lumière. La première morsure ne creuse donc, dans la première attaque, que les parties qui donneront les grands noirs sur la planche de cuivre.

Ces noirs qui doivent être vigoureux passeront trois fois par la morsure, et c'est alors, c'est-à-dire après la troisième morsure, que le creux sera assez profond pour donner une teinte vigoureuse de noir en opposition avec les ombres moins accentuées des parties qui n'auront subi qu'une ou deux morsures.

On n'oubliera pas dans cette étude, et pour se rendre compte de ce que nous disons, que les demi-teintes moyennes ne sont obtenues que par la seconde morsure après insolation sur le deuxième positif moins développé et que la gravure n'est complète qu'après le troisième passage de la planche au bain acide qui touche légèrement les finesses que les deux premières morsures avaient laissées intactes.

Cette explication un peu confuse deviendra excessivement claire si l'opérateur la suit, ayant en main les trois positifs gradués. Il comprendra alors, par le seul examen des trois types, que le dernier seul peut rendre la gravure complète et reproduire le modèle dans son entier.

Ce dernier cliché pourrait au besoin suffire, si l'on ne visait qu'à une attaque uniforme du métal où chaque partie creusée aurait la même profondeur.

Mais il en résulterait alors des épreuves grises

et l'ensemble de la reproduction manquerait d'effet. Les grands noirs seraient faibles et ne contrasteraient pas avec les demi-teintes. On sait que, dans la gravure au burin, l'effet est produit non seulement par la largeur, mais surtout par la profondeur de la taille. Une taille profonde rend au papier une ligne vigoureuse d'un noir intense. Cette même taille pénétrant moins dans le métal n'imprimerait qu'un trait gris ayant un aspect tout différent du premier, quoique étant de même largeur.

On s'explique donc la nécessité de mordre trois fois la planche de cuivre dans la gravure de la demi-teinte pour arriver à une graduation artistique dans la teinte générale.

La méthode n'est du reste applicable qu'à la condition de se conformer aux manipulations indiquées, c'est-à-dire à s'astreindre aux trois morsures que l'on peut réduire à deux cependant, quand on traite des sujets légers.

En effet, chaque morsure ne peut durer que cinq ou six minutes. La gélatine insolée ne résisterait pas au perchlorure de fer si elle était immergée plus longtemps dans le bain, et pendant ce court espace de temps, le cuivre n'étant pas assez mordu, les creux à peine sensibles ne donneraient à l'impression qu'une épreuve peu vigoureuse.

Nous revenons sur ces explications, en vue de

cette nouvelle méthode, qui a quelques rapports avec le procédé dont nous parlons, mais qui en diffère dans le principe et dans les manipulations.

Ce genre de gravure, applicable à la fois au creux et au relief, a surtout pour objectif le cuivre qui ne possède pas, comme le zinc, la propriété de pouvoir repousser l'encre et de la laisser reprendre par le rouleau après mouillage, quand le noir d'impression a recouvert une surface trop sèche. Comme on le verra par la suite, le procédé peut tout aussi bien s'appliquer au zinc. Il est, dans ce cas, d'une exécution courante. On pourra même le modifier, comme il sera dit dans la partie qui traitera de l'albumine. L'héliographie en albumine insoluble se prête à un gillotage spécial dont il n'a pas encore été question, jusqu'à présent, dans aucun Traité.

Notre méthode, celle que nous développons en ce moment, ne comporte qu'un seul cliché négatif quoique exigeant trois morsures. On pourrait, et le résultat ne serait pas inférieur, on pourrait, disons-nous, faire intervenir, comme dans le système que nous venons de remettre en mémoire, les trois clichés. Mais la Phototypie nous venant en aide, l'opération peut se faire avec un seul type.

Nous exposerons d'abord brièvement cette méthode pour permettre au lecteur de se rendre compte, *a priori*, de l'ensemble des opérations. Il verra d'un seul coup d'œil que le résultat est inévitable et certain.

Nous tirons trois épreuves de report d'une planche de cuivre gélatinée. Ces trois épreuves nécessaires à notre gravure pourraient être prises sur trois planches phototypiques différentes et insolées chacune sur un négatif de force aussi différente. Mais la couche de gélatine peut donner avec un même négatif des épreuves graduées pareilles à celles qui auraient été tirées sur les trois planches qu'on insolerait sur les trois négatifs développés à des degrés différents et variant d'intensité.

On sait que la couche de gélatine prend plus ou moins d'encre au passage du rouleau à la volonté de la main qui le dirige. La planche régulièrement encrée et chargée de toutes ses demi-teintes peut être privée des demi-teintes déjà reçues si l'imprimeur passe vivement le rouleau sur la couche. (Nous admettons qu'il n'y a pas excès d'insolation.) La gélatine se découvre alors et il ne reste plus que les grands noirs.

Si nous tirons cette première épreuve sur le papier couché qui nous servira pour le report, nous ne transmettrons à la planche de cuivre poli qu'un report incomplet, qui reproduira seulement les grands noirs du type. Une seconde épreuve convenablement tirée et superposée sur la première, puis reportée par un coup de presse, ajoutera les teintes moyennes au report déjà gravé. Une troisième épreuve reportée de la même manière nous donnera le dessin dans son entier.

Nous supposons, dans les quelques lignes qui précèdent, que nous avons en vue un dessin en relief, et nous avons tiré trois épreuves positives pour expliquer comment, avec une même planche, on peut obtenir des épreuves graduées, l'une ne portant que les grands noirs, l'autre les grands noirs et les demi-teintes moyennes, et enfin la troisième donnant le dessin à reproduire dans tous ses détails. Il ne s'agit donc jusqu'à présent que d'explications donnant la clef du procédé.

Cette méthode, en effet, s'appliquant spécialement au cuivre, c'est-à-dire à l'impression en taille-douce (le zinc se prêtant infiniment mieux au relief), ce n'est pas sur des négatifs, mais sur des clichés positifs qu'il convient d'insoler les cuivres gélatinés qui fourniront les reports.

Ce n'est, du reste, qu'en cas de gravure en creux, que les reports gradués sont utiles. Nous verrons plus loin comment le relief doit être traité, et il ne s'agira que du relief sur cuivre.

Nous tirerons donc pour graver *en creux* sur cuivre trois épreuves inégales.

La première épreuve ne sera en quelque sorte qu'un placard noir qui, reporté sur cuivre, interceptera l'éclat du métal, excepté dans les grands noirs qui seront indiqués par l'absence d'encre.

L'acide ne creusera donc la planche que dans les parties où le métal sera découvert.

La deuxième épreuve de report sera moins chargée de noir que la première. Elle ne sera reportée sur la planche qu'après un nettoyage complet, laissant le métal à nu, ce qui permettra de se rendre compte de la valeur de la première morsure.

La troisième épreuve peu chargée, mais complète, sera enfin appliquée sur la planche métallique préalablement nettoyée, et un dernier passage au bain acide complètera la gravure.

La planche terminée et passée au charbon qui en polira la surface, pourra dès lors être livrée au tireur en taille-douce.

Ces quelques explications donnent une idée générale de la méthode. Nous allons indiquer maintenant la marche et les soins qu'il faut prendre au cours de chaque opération particulière.

Ces morsures seraient défectueuses si la résine n'intervenait pas pour modérer l'acide dans les grands vides qui reproduiront les noirs de l'épreuve au tirage.

On remarquera que la manière d'opérer est exactement inverse à celle qui a cours dans la mise en relief par le gillotage sur zinc.

Dans le relief sur zinc, comme nous l'avons

indiqué ailleurs, il s'agit de conserver le trait, sans souci du fond que l'acide doit ronger dans son entier. Il importe donc de préserver dès le début les grisés, c'est-à-dire les traits les plus délicats de la morsure de l'acide. Aussi fait-on couler l'encre après chaque morsure pour recouvrir ces parties délicates et pour les mettre ainsi à l'abri de l'acide.

La gravure en relief n'est donc complète que lorsque la planche qu'on traite ne présente plus, en place du dessin délicat donné par le bitume ou par le report, qu'un placard informe de noir couvrant toute la planche, à l'exception des parties blanches qui occupent une certaine étendue.

On voit qu'il est essentiel que l'épreuve de report soit complète. Un second report serait inutile, puisque le rouleau consolide l'épreuve par l'encrage.

Dans la gravure en creux qui nous occupe, il s'agit à la fois de laisser le fond intact et de garder le dessin pur en creusant le métal dans les parties qui correspondent au trait.

Le graveur chimique doit s'occuper avant tout de laisser le fond immaculé, et c'est là la seule difficulté de cette méthode. Nous verrons cependant qu'on peut remédier à certains accidents, mais il est de toute importance de surveiller très attentivement le fond pendant les morsures successives.

La première épreuve de report (nous parlons du travail sur cuivre) ne peut donc pas être une épreuve exacte. Les demi-teintes les plus faibles ne devant être soumises qu'à une morsure légère, seraient troublées si l'on devait attendre que les grands noirs soient suffisamment creusés. Il ne faut pas d'ailleurs songer à protéger, par le petit vernis mis au pinceau. les teintes légères assez mordues pour donner à l'acide le temps de creuser les parties les plus accentuées du dessin. Cette méthode suivie par le graveur ordinaire est incompatible, sauf quelques cas, avec la gravure héliographique. Un artiste expérimenté n'arriverait pas facilement à raccorder les dissonances produites sur l'épreuve.

Il est plus simple de suivre la méthode rationnelle que nous indiquons et de faire un premier report ne laissant à jour que les parties du métal qui réclament une morsure profonde.

Quelle que soit la valeur des reports suivants, les parties à jour du premier report resteront toujours à découvert dans les morsures qui suivront, et chaque passage à l'acide doublera la profondeur du premier creux.

Inégalité de profondeur dans les tailles. — Les demi-teintes laissées ouvertes par le second report gagneront à leur tour en profondeur pendant la morsure exécutée après le troisième, de telle sorte qu'après les trois morsures réglementaires, la planche aura des creux à trois degrés de profondeur, correspondants aux grands noirs, aux demi-teintes moyennes et aux teintes analogues à celles des grisés dans le gillotage.

Le point capital, c'est d'employer dans ce genre de gravure une encre de report assez vigoureuse pour opposer une résistance complète au mordant. Nous indiquerons une formule de noir très convenable pour ce travail.

On voit par cet aperçu que le premier report requiert non seulement une grande vigueur dans l'encrage, mais encore une absence complète de demi-teintes. Les tons fondus seront communiqués à la planche par les deux reports qui suivront.

Il n'est pas inutile de rappeler, pour saisir l'opération dans son ensemble, que chaque report ne se fait qu'après le nettoyage complet du travail précédent et qu'il ne reste sur le cuivre que les traces de la première morsure quand on procède au second décalque. La même méthode est suivie dans le dernier report.

Supposons donc, pour donner toute clarté possible à ces explications, que nous ayons à reproduire une étude d'arbre, le sujet se détachant en demi-teintes sur un ciel sans accident de nuages.

Puisque c'est la surface intacte de la planche

de cuivre qui donnera le blanc parfait dans le premier report, l'épreuve obtenue d'après un cliché positif étant inverse, viendra en noir sur le report et quelle que soit la gradation en teintes des épreuves suivantes, le ciel persistera à s'encrer en noir et les trois reports successifs donneront quand même un placard noir sur toute la surface qui limite le ciel. Nous aurons certainement dans les épreuves qui suivent des parties plus ou moins découvertes et attaquables par l'acide, mais le ciel sera quand même à l'abri de la morsure, et les parties que seront couvertes après le second report le seront de même après le troisième.

La méthode, pour nous résumer, consiste donc à découvrir progressivement le métal à mesure que l'opération avance. Dans la gravure en relief, comme on l'a vu, c'est le contraire qui a lieu. On recouvre à mesure que l'on creuse.

Entrons maintenant dans les détails de l'opération.

CHAPITRE III.

Préparation des planches auxiliaires.

Nous ne croyons pas utile d'entrer dans de longs détails au sujet de la préparation des planches. Cette partie a été développée à fond dans le Traité intitulé : *Traité pratique de Phototypie* (¹).

Nous nous bornerons à donner une formule de mixtion appropriée à ce genre de gravure et nous n'ajouterons que les quelques explications qui doivent trouver place dans ce Livre.

FORMULE DE MIXTION.

Eau ordinaire.	100cc
Colle de poisson.	3gr
Colle de peau.	100
Gélatine résistante	12

Après dissolution au bain-marie, on ajoutera :

Bichromate d'ammoniaque réduit en poudre 6gr

(¹) GEYMET, *Traité pratique de Phototypie*. 3e édition. In-18 jésus, 1888 (Paris, Gauthier-Villars.)

Le produit sera filtré sur un carré de flanelle et versé sur des planches de cuivre grainées qui sècheront dans une étuve chauffée de 30° à 35°, à l'abri de la lumière.

L'insolation sera faite sur un cliché positif pris sur un négatif de valeur moyenne et le châssis-presse *à vis* sera exposé pendant une demi-heure à l'ombre.

Il est toujours prudent de couvrir de mixtion une bande de papier écolier ordinaire, après avoir préparé le cuivre, et de le placer dans l'étuve.

On découpe une bande de ce papier, sensible au même degré que la mixtion des planches, et on l'expose dans le photomètre en même temps que le châssis-presse.

C'est un guide sûr pour régler l'insolation. Nous avons donné ailleurs la description de ce petit appareil que chaque opérateur peut construire en quelques minutes.

Nous insistons pour que les épreuves de report soient prises sur des planches de cuivre préparées avec la mixtion dont la formule est plus haut.

Cette couche molle, spongieuse et souple rend au papier, si l'insolation est régulière, une épreuve où l'encre foisonne. Les reports qui en résultent ont une vigueur supérieure à celles que l'on tire dans la Phototypie sur glace.

Les épreuves dans le procédé sur glace, quoique parfaites dans les détails et dans l'ensemble, sont souvent légèrement voilées. Mais le défaut principal que nous leur reprochons relativement à l'emploi que nous voulons en faire, c'est l'absence de vigueur qui se fait remarquer dans l'encrage. Les reports qu'elles donnent manquent d'énergie, et la couche qu'elles transmettent au cuivre et au zinc est pour ainsi dire sans épaisseur appréciable.

Les reports de ce genre seraient incapables d'opposer une résistance suffisante au bain acide, même avec l'emploi de l'encre dont on trouvera la formule plus loin.

Les planches de cuivre appelées à fournir les reports seront préparées la veille ou le jour même et séchées à une température très douce qui ne dépassera pas 30°.

Effets du chauffage. — Une planche trop chauffée n'imprime que des épreuves grises.

Une partie de l'encre qui forme l'épreuve de report se dédouble, et la moitié de l'épaisseur de la couche reste adhérente à la gélatine après le coup de presse sans se déposer sur le papier.

Le même accident se produit avec des planches couvertes depuis quelques jours, même dans les conditions de chauffage que nous signalons. Cette difficulté à rendre toute l'encre reçue serait sans conséquence dans un tirage ordinaire, mais elle enlève toute valeur aux épreuves de report que nous cherchons à obtenir.

Repères. — Nous avons conseillé de tirer les trois épreuves de report sur une même planche pour éviter l'emploi des trois clichés inégalement développés. Si l'on voulait pourtant insoler trois planches, il conviendrait de prendre un bon cliché positif sur le négatif qui sert de point de départ, en ayant soin de marquer le cliché d'une ligne barrée par une seconde ligne. Les points d'intersection de ces deux lignes en forme de croix seront les repères nécessaires à la superposition exacte des épreuves de report sur la planche de cuivre.

En dehors de l'application correcte d'une épreuve sur l'autre, le procédé resterait sans valeur.

Avant essai, à la simple lecture, on suppose que l'opérateur doit éprouver de grandes difficultés pour obtenir cette coïncidence mathématique et qu'il n'y arrivera qu'après de nombreux tâtonnements.

Il est de fait que, sans repères, la chose serait à peu près impossible. Mais ces deux lignes croisées, dont l'une est perpendiculaire sur la ligne supposée qui diviserait l'épreuve dans sa largeur en deux parties égales, rendent tout écart impossible.

Les deux repères seront incisés à la pointe sèche si le fond est noir, de manière à percer la couche de collodion ou de gélatinobromure, et au crayon Conté si le fond du négatif d'origine est transparent. Ces signes seront transmis en blanc ou en noir aux clichés positifs et par suite aux reports.

Il est superflu d'ajouter que ces marques indispensables seront faites en dehors du dessin.

On ne négligera pas, immédiatement après le tirage, de percer le papier au point d'intersection des lignes avec une aiguille fine. Cette piqûre manquerait de précision après le mouillage de la feuille, qui précède le report. Nous verrons plus loin comment ces points de ralliement seront indiqués sur la planche de cuivre ou de zinc, et comment la superposition exacte s'exécutera.

Notons, en passant, que les épreuves de report se tirent sur des feuilles de papier plus grandes que les planches de métal où elles seront appliquées. On leur laisse quelques centimètres en plus.

CHAPITRE IV.

Impression des reports.

Une planche trop insolée ne rend que des reports maigres et sans épaisseur d'encre.

La gélatine sèche et brûlée ne rend pas l'encre au papier. Une couche préparée le jour même de l'opération contracte, par excès de pose, les défauts inhérents aux mixtions sur cuivre qui datent de cinq ou six jours. C'est en surveillant le châssis-presse, en consultant le photomètre à plusieurs reprises qu'on obtiendra la pose exacte.

La Phototypie n'intervenant dans nos opérations spéciales à la gravure que comme moyen auxiliaire, nous ne pouvons considérer ici la gélatine qu'au point de vue du report, sans nous préoccuper du nombre plus ou moins considérable d'épreuves que la planche peut donner. La quantité n'est pas ce que nous cherchons, puisque trois épreuves nous suffisent. C'est la qualité de ce tirage restreint que nous avons en vue.

Ce sont ces motifs qui nous déterminent à sécher les planches à une chaleur douce et à employer la colle de peau qui, après dessiccation, retrouve immédiatement, plongée dans l'eau, toute sa souplesse et qui a plus de capacité que la gélatine pure à prendre l'encre du rouleau et à la transmettre au papier. C'est la même raison qui nous engage à rechercher un temps de pose juste et sans excès.

Albion-press. — Ces planches, quoique suffisamment résistantes et capables de supporter, sans déchirures, la pression du rouleau encreur, doivent être tirées de préférence sur la presse typographique ; mais la presse typographique usitée dans l'imprimerie n'aurait pas assez d'énergie dans sa pression. La presse anglaise, vulgarisée sous le nom d'*Albion-press*, qui se fabrique en France, remplit exactement le but. Le plateau supérieur mû par un excentrique exerce une pression considérable sur la planche de cuivre et la redresse en même temps si la courbure du cuivre résultant de l'étuve et neutralisée par les vis dans le châssis-presse se reforme quand le cuivre reprend son élasticité.

Presse à copier. — Mais pour le travail en question, une bonne presse à copier à vis, de moyenne force, peut être substituée aux appareils dont nous parlons, qui sont toujours d'un prix assez élevé pour refroidir l'ardeur des amateurs.

Pour utiliser la presse à copier, on préparera un coussinet de la largeur exacte du bas de l'appareil; ce coussinet sera placé sur la feuille de papier couché qui doit recevoir le report, mais on interposera au préalable, entre le report et le coussinet, quelques feuilles de papier satiné.

On confectionne ce matelas, en posant quelques carrés de flanelle superposés sur une feuille de carton lisse. On les fixe par les bords seulement à la colle forte. On interpose ensuite cinq ou six feuilles simples de papier de soie, et après les avoir couvertes d'une dernière enveloppe de flanelle, on couvre le tout d'une peau de daim. Une couture à larges points fixe le tout sur le carton.

Une feuille de caoutchouc épaisse de $0^{m},005$ ou $0^{m},006$ pourrait servir au même usage.

Ce mode de pression convient mieux au tirage des épreuves sur couche molle, et la gélatine, assez solide pour résister au rouleau, ne court aucun risque pendant l'impression.

En suivant la marche que nous avons indiquée dans l'Ouvrage cité plus haut, ces mêmes planches peuvent fournir un grand nombre d'épreuves, mais les parties qui ne sont que légèrement touchées par la lumière s'usent à la suite du traitement que nous allons indiquer, après avoir donné, au plus, cent épreuves. Le cuivre se trouve alors à nu. Il prend l'encre comme les parties rigoureusement insolées qui peuvent résister à l'essuyage et à l'action du rouleau et le tirage ne peut pas être continué.

Au sortir du châssis-presse, la planche exposée est placée pendant une minute dans une cuvette d'eau fraîche, puis plongée pendant cinq ou six secondes dans une seconde cuvette d'eau chauffée à 70° plus ou moins; on la remet alors dans le premier récipient quelques secondes encore pour refroidir le métal, et l'on passe immédiatement à l'impression quand la planche a été essuyée au recto et au verso.

Il est prudent de se servir d'un cuivre double en surface des épreuves qu'on veut tirer. La couche de gélatine toujours trop épaisse sur les bords, se détache aisément du métal et se colle par fragments sur le rouleau de gélatine.

Il en résulte des accidents et des déchirures dans le dessin. Avec des planches beaucoup plus grandes, tout danger de rayer la couche est évité, à condition, cependant, que l'éponge et les chiffons qui servent à essuyer soient d'une grande propreté, et surtout exempts de poussières dures pouvant rayer la couche.

A la suite d'essais réitérés sur cuivre, nous avons remarqué que la couche de gélatine était beaucoup plus adhérente à la planche et qu'elle ne faisait, pour ainsi dire, qu'un seul corps avec le métal en interposant une première couche d'albumine bichromatée avant de couler la gélatine.

Sous-couche. — La préparation composée de bière et de silicate de potasse, que nous avons recommandée comme première couche dans l'impression sur glace, n'aurait pas une application heureuse sur le métal. Le cuivre s'oxydant légèrement au contact de la potasse pendant la dessiccation dans l'étuve, détériorerait la gélatine et nuirait à l'adhérence des deux surfaces.

L'albumine n'a pas les mêmes inconvénients. Elle s'unit intimement au métal après qu'elle a été coagulée et empêche l'humidité nécessaire au tirage des épreuves de pénétrer jusqu'au cuivre. La gélatine se trouve ainsi liée étroitement à l'albumine, les soulèvements et les cloques ne sont pas à craindre.

Ce n'est pas l'albumine fraîche et battue au sortir de l'œuf qu'on choisira. Cette sous-couche n'aurait pas la solidité que nous cherchons.

L'albumine sèche, d'une densité toujours égale, est supérieure à cette dernière, quoique étant de même nature, quelque usage qu'on veuille en faire en Photographie.

Ce produit sec qui porte dans le commerce le nom d'*albumine des œufs*, pour le distinguer de l'albumine extraite du sang des mammifères qui ne remplirait pas le même but, est préparée comme nous allons l'indiquer.

On pèse 10gr d'albumine sèche et 3gr de bichromate d'ammoniaque.

Le bichromate d'ammoniaque est versé en poudre dans un flacon contenant 25cc d'eau froide, et l'albumine dans un vase d'une certaine capacité où l'on a mis 100gr d'eau ordinaire.

FORMULE.

Eau	125cc
Albumine sèche.	10gr
Bichromate d'ammoniaque.	3

Si l'on n'est pas pressé, l'albumine reste une heure ou deux en contact avec l'eau où elle se dissout en grande partie, et l'opération de la mise en neige est alors terminée en quelques minutes.

Dans le cas contraire, l'albumine est réduite en poudre dans un mortier en porcelaine ou en verre. On la verse après dans une éprouvette et on la fatigue avec un agitateur en verre jusqu'à dissolution complète, en ajoutant par petites portions les 25gr d'eau où l'on a fait dissoudre le bichromate.

On transvase enfin le contenu de l'éprouvette dans un récipient en porcelaine, dans un saladier, par exemple, exempt de tout corps gras, et l'on réduit l'albumine en neige à l'aide d'une fourchette et mieux d'une tournette spéciale que chacun connaît.

L'éprouvette lavée en grande eau reçoit ensuite un entonnoir en verre de la capacité d'un litre ou plus grand, ce qui vaut mieux. C'est dans le filtre en papier qu'on a introduit dans l'entonnoir qu'on dépose à mesure qu'elle se forme l'albumine réduite en neige. Il faut absolument se servir d'une fourchette en bois ou en argent pour déplacer la mousse et la passer du vase en porcelaine dans l'entonnoir. Une cuiller enlèverait non seulement l'albumine émulsionnée, mais encore l'albumine liquide.

On ne doit porter sur le filtre qu'une mousse dure et résistante. L'opération n'est terminée que lorsqu'il ne reste plus de matière liquide au fond du vase.

Le lendemain, on reporte la partie liquide qui est au fond de l'éprouvette sur un premier filtre, et enfin sur un second. Le produit ne peut être employé qu'après ces trois filtrages successifs, non seulement comme sous-couche pour les planches de cuivre, mais pour tout autre usage photographique.

En dissolvant 14^{gr} d'albumine sèche dans 100^{cc} d'eau, on a exactement la densité de l'albumine fraîche, si nos souvenirs et nos recherches sont exacts, et nous avons tout lieu de le supposer.

Le produit coloré et rendu sensible par l'addition du sel de chrome peut être conservé indéfiniment pour l'usage dont nous parlons en ce moment. Comme couche sensible, il perd ses propriétés et devient peu soluble après cinq ou six jours de préparation.

Mais on peut lui rendre toutes ses qualités en y ajoutant quelques gouttes d'eau saturée de bichromate d'ammoniaque. Il reprend sa sensibilité comme s'il était préparé de la veille, et la partie non insolubilisée par la lumière se redissout au contact de l'eau. La gélatine ne court aucun risque, à moins qu'elle ne soit rayée par l'ongle, ce qui arrive quelquefois en essuyant, car il faut mouiller la couche à l'eau fraîche, à l'aide d'une éponge, et essuyer après chaque coup de presse.

Si nous procédons sans retard au tirage après le mouillage rapide, d'abord dans l'eau fraîche et après dans l'eau chaude, c'est pour arrêter le développement du relief.

Ces couches très molles sont immédiatement pénétrées par l'eau. Il importe donc que l'humidité indispensable au tirage ne soit que superficielle et ne pénètre pas jusqu'au fond de la gélatine; différemment, la partie qui doit donner l'épreuve, qui est la partie insolée, se trouverait en contrebas, et le rouleau ne l'atteignant que difficilement, l'épreuve de report manquerait de finesse.

Par ce mouillage rapide, nous atteignons le but

que nous cherchons. La surface seule de la planche humide ne prend pas l'encre du rouleau, tandis que le noir d'impression se fixe sur l'ensemble du dessin. L'encre est happée par la partie insolée seulement et ne contracte qu'une adhérence moyenne avec la gélatine. On peut charger le rouleau qui laissera alors une couche de noir très épaisse sur le dessin, et cette épaisseur d'encre passera du papier sur la planche de cuivre qui doit recevoir la gravure.

On tire cinq ou six épreuves parmi lesquelles on choisit celles qui conviennent le mieux au report.

On ne doit pas craindre que la gélatine ne prenne trop d'eau pendant ce court tirage. Ce n'est qu'à la longue que l'humidité pénètre jusqu'au fond de la couche, car chaque pression exercée enlève à la gélatine autant d'eau que l'éponge lui en a rendue.

Ces reports rendent toutes les finesses du sujet et les dix premières épreuves sont parfaites. Si le tirage se prolongeait, le rendement serait inférieur, mais par suite seulement du traitement particulier que nous imposons à la couche.

On n'oubliera pas que nous travaillons sur une gélatine qui n'a pas été dégorgée et avant l'élimination du bichromate.

Aussi les épreuves de report, le papier du moins qui les porte est fortement coloré en jaune, mais il ne faut pas s'en soucier. Le bichromate n'est pas nuisible au décalque de l'encre du papier sur la planche de cuivre ou de zinc.

Encre spéciale. — On encrera l'épreuve comme il a été dit dans le Livre qui a pour titre *Traité pratique de Phototypie* [1], mais on remplacera l'encre de report ordinaire par l'encre spéciale dont la formule suit :

FORMULE.

Encre de report ordinaire.	100gr
Encre lithographique.	50
Cire jaune.	15
Paraffine	10
Résine ordinaire	10
Suif.	5
Solution de caoutchouc dans la benzine à 15 pour 100.	10cc
Vernis lithographique fort.	50

Le mélange des produits sera fait dans un poêlon verni, en terre, qu'on placera sur un feu doux.

On ne versera la solution de caoutchouc dans la masse qu'après le mélange intime de toutes les substances indiquées, en éloignant le vase du feu. Pendant la fusion, cette encre de report sera continuellement malaxée avec une spatule en porcelaine ou en bois, et l'on ne jettera les divers

(1) Paris, Gauthier-Villars.

produits dans le récipient qu'après la dissolution complète de la résine.

Cette encre sera filtrée encore bouillante sur une mousseline à mailles serrées.

Elle ne doit être ni trop molle ni trop dure, mais d'une consistance un peu au-dessus de celle de l'encre typographique.

On pourrait l'allonger à mesure du service avec quelques gouttes de vernis fort, si elle paraissait trop dure pour l'emploi ; cependant il est préférable de la préparer dans les conditions indiquées afin d'éviter d'en affaiblir la résistance par l'addition du vernis.

Il serait préférable d'acheter le produit tout préparé, mais on ne le trouverait pas chez les fabricants spéciaux.

Cette préparation peut du reste être terminée en un quart d'heure. Le filtrage est le côté désagréable du travail. Ce mélange très épais ne passe que très difficilement à travers les mailles de la mousseline, et l'on est forcé de se servir de la main pour arriver à l'épuration.

On se lavera après à l'essence de térébenthine, puis au savon noir mêlé de ponce en poudre. Une dernière ablution dans une eau saturée de carbonate de potasse fera disparaître toute trace de noir.

CHAPITRE V.

Transport sur cuivre.

On tire les épreuves sur papier couché. Ce papier est couvert sur une de ses faces d'une couche de carbonate de magnésie qui adhère à la pâte à l'aide d'une solution très légère de gélatine. Tous les pores du papier se trouvent remplis par le blanc et la feuille offre un glacé doux, soyeux, susceptible de prendre les teintes les plus délicates du dessin.

L'épreuve en encre grasse n'est donc pas fixée sur la pâte qui constitue la feuille, mais sur la couche de blanc dont elle est recouverte.

La feuille pressée vigoureusement sur la planche de cuivre par le râteau de la presse lithographique, après le mouillage convenable du papier, y reste fixée avec une grande solidité.

Il serait même impossible de détacher le papier du métal, si l'on avait pas recours à l'eau chaude.

On pose donc la planche de cuivre sur la pierre

fixée sur le châssis de la presse. Le revers ne doit pas être mis en contact direct avec la pierre. On recouvre cette dernière d'une feuille de papier humide, et le papier intercalé sert de liaison entre la pierre et le cuivre et empêche tout glissement, quand le râteau suit sa course sur le tablier en cuir de l'appareil.

Le papier n'adhérerait pas sur le cuivre si l'épreuve y était placée à l'état sec et l'encre ne s'en détacherait pas.

Aussitôt tirées, les trois épreuves de report sont placées, le dessin en dessus, dans une cuvette pleine d'eau; c'est le revers seul qui est mis en contact avec le liquide, et, par endosmose, l'eau pénètre peu à peu la pâte et arrive jusqu'à l'encre qu'elle tend à soulever et à détacher. Le corps gras, incompatible avec tout ce qui est humide, a dès lors une tendance naturelle à abandonner la feuille pour s'attacher sur une surface sèche quelconque.

L'encre, comme on a pu le voir par la formule donnée plus haut, est formée par l'union intime d'un ou de plusieurs corps gras antipathiques à l'eau et d'une matière colorante, qui est le noir de fumée broyé dans l'huile de lin lithargée et cuite.

Nous avons trouvé le colorant dans l'encre lithographique et dans l'encre de report que nous avons mêlées à la formule spéciale.

Les vernis lithographiques sont très siccatifs, aussi faut-il exécuter les reports le jour même du tirage des épreuves. L'opération ne réussirait pas le lendemain. Le vernis, qui est la base de l'encre une fois sec, ne s'attacherait plus au cuivre.

Si les épreuves sont, au contraire, mises par le revers immédiatement en contact avec l'eau, il n'y a plus de dessiccation possible et l'on peut exécuter le report à toute heure de la journée pendant laquelle le tirage a été fait.

Choix du papier. — On évitera de mouiller les feuilles de report sur la face qui porte le dessin.

Les papiers couchés ne sont pas de même épaisseur. On choisira le plus mince qui est de la force du papier écolier ordinaire. Si le dessin dépasse 24×30, le numéro au-dessus sera préféré.

Les papiers trop épais prennent un temps trop long pour s'imbiber.

De toute manière, quelle que soit la force du papier choisi, on emploiera de préférence la couche mate. Le report se fait moins bien avec les feuilles brunies.

Il est très facile de reconnaître le côté de la feuille qui a reçu le carbonate de barite. Cette face est plus lisse et plus brillante que le revers et le glacé se devine au simple contact du doigt.

Il est inutile d'ajouter que c'est le côté préparé qui reçoit l'épreuve.

Etat et examen de l'épreuve. — Les dessins ne sont bons à reporter qu'au moment où la feuille perdant sa blancheur par l'absorption de l'eau. prend une teinte grise. Il met environ une demi-heure à s'humecter convenablement. Le dessin est à ce moment presque en relief sur la feuille et l'encre repoussée par l'eau a un aspect ruisselant.

Si le contraire se produisait et si le dessin restait sec, après un séjour d'une demi-heure sur l'eau, le report manquerait de corps et proviendrait d'une couche trop chauffée ou trop insolée ou encore d'un encrage insuffisant.

Le mal ne serait pas irréparable dans un travail sur zinc, où l'épreuve peut être renforcée au rouleau, mais il y aurait peu de chance de mener à bien la gravure sur cuivre.

CHAPITRE VI.

Marche à suivre dans l'exécution des trois reports.

Première épreuve. — La première épreuve prise à l'état convenable est placée régulièrement sur la planche de cuivre polie, séchée et époussetée. On peut préalablement tracer au crayon la place exacte qu'elle doit occuper sur le cuivre, pour avoir des marges bien ordonnées, si l'on a pris le soin de couper régulièrement les feuilles avant de les mettre en contact avec l'eau.

Le papier est ensuite recouvert d'une feuille sèche satinée et d'un carton lisse. On donne alors un premier coup de presse, mais sans exagérer la force de l'appareil. On recommence deux ou trois fois la même opération et, relevant après le tablier, on pose sur le report découvert une double feuille de papier trempée dans une cuvette pleine d'eau et, les langes étant replacés, on fait de nouveau jouer la presse à trois ou quatre reprises. Le report mis à nu est humecté avec une éponge passée délicatement pour éviter d'érailler la feuille, et après avoir retourné la planche de cuivre, en posant vers le bas de la pierre lithographique le côté qui occupait la position inverse (le dessin restant toujours en dessus), on donne encore trois ou quatre coups de presse.

Un report quelconque ne peut être bon qu'après cinq ou six pressions graduées en force. Sur les feuilles de grandes dimensions, cet écrasement n'est complet qu'autant que le râteau a pressé le report dans tous les sens du papier, en longueur et en largeur.

Emploi de l'eau chaude. — La planche de cuivre est portée après le travail à la presse dans une cuvette pleine d'eau à 90° où elle reste cinq ou six minutes.

On soulève après un des angles de la feuille et, par un simple balancement de la cuvette, le papier se détache laissant sur le cuivre une couche blanche qui cache complètement le report. Il ne reste pas trace d'encre sur le papier. En cas contraire, le report serait douteux. Mais il est à peu près impossible de manquer un seul report, si l'on se conforme exactement aux explications qui précèdent.

Nettoyage au coton et dédoublement. — On prend alors une touffe de coton qu'on passe sur le cuivre resté sous la nappe d'eau chaude et la couche de blanc se détache sous une pression légère; du reste il n'y a aucun danger à presser plus fort, l'encre est fixée sur le métal, de telle sorte qu'elle peut résister à une friction plus vigoureuse; mais il importe de ne pas étendre le vernis qui a été ramolli par la chaleur sur les parties voisines, et c'est la raison qui force à traiter la couche blanche sans brusquerie.

On termine le nettoyage sous un jet d'eau fraîche avec le même coton dégagé par lavage du blanc dont il s'est chargé dans l'épuration du report.

Utilité des détails. — Dans les reports lithographiques ordinaires, l'emploi de l'eau chaude n'a pas raison d'être. Le papier dont on se sert est recouvert au pinceau d'une couche d'amidon soluble à l'eau froide; mais, comme nous l'avons dit d'ailleurs, le papier couché de blanc est fixé sur la feuille par une solution légère de gélatine.

Il faut donc forcément recourir à l'eau chaude pour détacher la couche superficielle qui reçoit l'impression, puisque la gélatine ne se dissout pas dans l'eau à la température ordinaire. Le report est donc infaillible en employant le papier en question. La feuille se dédouble en quelque sorte, et il ne reste sur la planche de cuivre que l'encre et la couche blanche que l'humidité et la chaleur obligent à quitter le papier humide pour s'attacher à la surface sèche du métal.

Nous savons d'avance que toutes ces explications paraîtront oiseuses, nous dirons même complètement inutiles pour le plus grand nombre de nos lecteurs habituels, mais nous sommes persuadés d'autre part qu'elles seront lues avec fruit par les ouvriers employés dans les maisons d'impression, qui, pressés par le travail, ne se rendent pas un compte exact des réactions qui s'opèrent dans leurs mains, et qui sont très aises, nous le savons, d'en trouver l'explication dans des livres modestes qui ne visent pas à l'effet, mais qui se bornent à divulguer tout ce qui peut intéresser le praticien.

CHAPITRE VII.

Morsure.

Effet inverse. — Pris sur une planche insolée sur un cliché positif, le report est inverse, et la première épreuve fixée momentanément sur le cuivre, tirée avec un encrage vigoureux, n'a rien qui soit fait pour flatter l'œil. Le cuivre ne présente à l'observateur qu'une tache noire, sauf quelques ouvertures disséminées sur toute la surface qui laissent le métal à nu. Ce sont les grands noirs qui se traduisent inversement par l'absence d'encre et qui seront mordus trois fois dans la direction du travail.

C'est à cette condition que le creux du cuivre aura assez de profondeur pour déposer sur le papier au tirage des tons vigoureux qui trancheront sur les demi-teintes.

La morsure ne peut porter que sur les parties où le cuivre est à nu. Mais si nous livrons la planche à l'acide sans prendre d'autres mesures, le métal sera creusé uniformement sur ces points et nous n'aurons que des creux uniformes sans points intermédiaires, d'où le chiffon de l'imprimeur en taille-douce enlèvera forcément le noir déposé par le tampon. On se rendra un compte plus exact de la valeur de notre observation quand on aura lu le Chapitre qui traite de l'impression en taille-douce, où nous serons bref, cette partie ayant déjà été traitée dans un Ouvrage précédent [1].

Nous sommes forces en conséquence de soustraire ces couvertures à la brutalité de l'acide et de diviser ces surfaces où l'attaque doit se faire.

C'est à l'aide de la pluie de résine que ce but sera atteint. L'opération du grainage se fait dans une boîte spéciale dont la description a été faite en dehors de ce Traité.

Grainage à la résine.

Quelques mots suffiront pour donner une idée exacte de l'appareil.

Prenez une boîte à glace 50 × 60. Enlevez dans le bas une étendue de paroi de dimensions plus faibles de quelques centimètres que celles d'un châssis à gélatinobromure ou à collodion sec.

Fixez ce châssis sur l'ouverture avec quelques clous et collez des bandes de papier à la jonction de la boîte et de son couvercle. La même opération

[1] GEYMET. — *Traité pratique de Photogravure sur zinc et sur cuivre.* 2e tirage. In-18 jésus; 1886 (Paris, Gauthier-Villars et fils).

sera faite autour du châssis. On fixe après sept ou huit pointes sur le fond s'élevant jusqu'à la hauteur de l'ouverture du châssis, et l'on introduit dans l'appareil un demi-kilogramme de résine en poudre toute prête pour l'emploi. On broierait à défaut la résine ordinaire qui s'écrase très facilement. Il est préférable cependant de mêler un tiers de résine copal à la résine commune. Le grain formé par la réunion des deux produits est plus artistique. Il n'est pas nécessaire de broyer la résine à fond. Les grains trop gros, restant sans emploi, ne peuvent en rien nuire à la finesse du résultat.

La boîte ainsi disposée est agitée en tous sens par l'opérateur. Ces mouvements brusques ont pour but de soulever un nuage de poussière résineuse dans l'appareil. Après quinze secondes d'attente, temps qui permet à la résine grossièrement divisée de retomber au fond de la boîte, on introduit la planche de cuivre en tirant la planchette du châssis et on la pose sur les pointes qui s'élèvent du fond et qui la soutiennent en hauteur dans l'appareil. Avec cette disposition fort simple, le cuivre n'est en rapport qu'avec la résine excessivement divisée qui descend lentement du haut de la boîte et dont l'excès est précipité dans l'espace qui sépare la planche des parois.

Il y a lieu de répéter plusieurs fois le saupoudrage et voici pourquoi :

La résine, dans sa descente, s'étale régulièrement sur toute la surface de l'épreuve aussi bien sur le cuivre nu que sur les parties recouvertes d'encre.

Notre but, dans les deux ou trois saupoudrages préalables, n'est pas de former un grain, mais de consolider le report et de lui donner plus de résistance par une couche de résine qui sera fondue comme nous allons le dire.

Réserve de résine. — La résine qui tombe sur les parties encrées y reste fixée et s'y attache. Ce qui porte sur le cuivre à nu ne contracte aucune adhérence.

On souffle sur la planche de cuivre après l'avoir passée trois ou quatre fois à la résine. Tout ce qui porte sur le métal nu, cédant à la pression de l'air est emporté ; la résine, au contraire, reste attachée sur la partie encrée.

On porte ensuite le cuivre sur un réchaud où il reste jusqu'à la fusion de la résine qui s'incorpore à l'encre.

Après refroidissement, on recommence l'opération du poudrage, mais on conserve, *sans souffler*, la couche entière en résine sur toute la surface du cuivre. On opère une seconde fois la fusion sans la pousser trop loin.

La couche fusible étalée sur les parties où le cuivre est à nu s'y fixe cette fois et, à la morsure, chaque grain oppose une résistance suffisante à l'acide qui n'entame pas le métal sous la partie protégée. Au tirage, au lieu d'un placard noir ou blanc, si l'imprimeur est habile, le cuivre rendra au papier des ombres vigoureuses éclairées par des piqûres artistiques qui rompront la monotonie du noir continu.

Retouche. — C'est le moment de faire l'inspection du report et de voir à la loupe s'il ne reste pas de points découverts dans les parties qui doivent être soustraites à l'influence corrosive de l'acide.

S'il y a lieu à retouche, on recouvrira au pinceau les points faibles et découverts avec un mélange de cire jaune, de paraffine et de suif en dissolution dans la térébenthine de Venise et rendu plus fluide par quelques gouttes d'essence de térébenthine maigre.

FORMULE.

Cire jaune	10gr
Paraffine	5
Térébenthine ordinaire.	10
Suif.	5
Térébenthine de Venise.	25cc

Ce vernis sera appliqué le plus délicatement possible et sans frottement sensible pour éviter de dissoudre l'encre du report.

La cire jaune est supérieure comme réserve à la cire vierge qui est souvent falsifiée avec de la fécule.

Nous avons déjà dit que dans la planche gravée les marges devaient avoir des proportions en rapport avec le dessin. Celle du bas qui reçoit la légende sera plus large de quelques centimètres que celle du haut de l'épreuve.

De toutes manières, ces marges doivent être soustraites à l'acide et recouvertes d'un vernis au bitume facile à poser, séchant vite.

La formule suivante réunit ces qualités :

FORMULE

Essence de térébenthine	100cc
Benzine	25
Bitume de Judée	20gr
Cire jaune	10

Les produits sont dissous sur un feu doux dans un vase à couvercle.

En cas d'inflammation, il suffit de fermer le vase pour éteindre la flamme.

Pointage des repères. — Les deux repères ont été marqués sur la planche de cuivre avant l'introduction du report dans l'eau chaude. Nous avons dit qu'il fallait percer avec une aiguille fine les deux lignes croisées au point d'intersection, car il serait impossible de retrouver ces signes après l'application du papier sur la planche de cuivre.

Les points, au contraire, sont sensibles au revers du report, et une simple inspection fait retrouver ces marques qui traversent la feuille. On pose alors la planche de cuivre sur la pierre lithographique où elle trouve un aplomb parfait. On applique un burin d'acier bien effilé exactement sur l'ouverture faite par l'aiguille, et un léger coup de marteau fait pénétrer le burin dans le métal. Cette piqûre doit être à peine sensible et presque sans profondeur. Il suffit qu'on puisse la retrouver après le nettoyage du premier report. Le moindre incident du reste tire l'œil sur une surface polie, d'autant mieux que ces signes se trouvent en dehors du dessin, sur la marge du haut et du bas.

Ces repères pourraient être au nombre de trois. Mais deux suffisent pour la superposition exacte du dessin sur l'épreuve déjà marquée par une première morsure. On n'a pas à déterminer un plan, mais à préciser une direction.

On ne pourrait du reste faire manœuvrer que très-difficilement trois aiguilles à travers une feuille de papier humide, sans la déchirer.

Il arrive quelquefois que, par défaut d'attention ou par manque d'habitude, une des deux aiguilles élargit l'ouverture et court dans la pâte du papier. Cet accident se produit dans le bas de l'épreuve quand la première aiguille est en place.

Une bonne marche à suivre pour repérer, c'est de piquer d'abord le haut et de laisser descendre le papier par son propre poids sur la surface du métal, en lui faisant prendre une direction telle qu'il suive exactement le dessin sur la marge de droite. Ce repérage vague serait presque suffisant. On soulève ensuite délicatement la feuille en évitant, à tout prix, d'exercer une pression quelconque sur un point ou sur un autre, par crainte de décalque.

On tient ferme l'aiguille du haut et l'on place l'autre sur le repère opposé. La feuille doit descendre par son propre poids dans la direction de la ligne perpendiculaire indiquée. On peut soulever le papier délicatement s'il y a déviation de droite à gauche ou inversement.

Il est prudent, pour parer aux déchirures qui compromettent l'exactitude dans la superposition des reports, de tirer quelques épreuves supplémentaires pour remplacer au besoin les feuilles dont la piqûre s'est élargie.

Première morsure.

Nature du mordant. — Quand toutes ces dispositions sont prises, on procède à la première morsure. Dans la gravure sur cuivre, le perchlorure de fer est supérieur à tous les autres acides. Il descend à pic dans le métal sans élargir le trait. Il a en outre la propriété de coaguler l'albumine, la gélatine et les corps organiques en général, qu'on emploie comme couche sensible dans la gravure héliographique. Il laisse déposer sur les surfaces avec lesquelles il est mis en contact, une couche d'oxyde de fer qui préserve les dessous et qui résulte de la combinaison de l'acide chlorhydrique avec le cuivre qui a plus d'affinité pour ce dernier métal.

On trouve chez les fabricants de produits chimiques du perchlorure de fer dissous à 30° ou à 45°. C'est le liquide à 45° qui convient [1].

Durée de la morsure. — La planche est immergée dans une cuvette en porcelaine ou en gutta-percha (une cuvette en zinc serait rongée par l'acide), où le cuivre reste en contact avec le liquide pendant cinq ou six minutes. La cuvette est agitée continuellement pendant la morsure. On imprime un mouvement régulier à la nappe liquide qui doit avoir $0^m,003$ ou $0^m,004$ de hauteur, en soulevant la cuvette et en l'abaissant alternativement dans le sens de la plus grande dimension du cuivre. En plaçant une baguette ronde sous la cuvette et dans son milieu, le mouvement de bascule se fait régulièrement et ne fatigue pas l'opérateur.

On pourrait, par mesure de précaution, vernir le verso de la planche, non pas précisément pour la préserver de la morsure, mais pour éviter l'affaiblissement trop rapide et l'usure du bain.

[1] On neutralise l'acide avec le perchlorure de fer.

Après le temps indiqué, la planche est retirée, lavée à grande eau, puis essuyée avec un linge souple.

On la porte dans un bain de benzine qui dissout le premier report et la résine. Les tailles sont nettoyées avec une brosse fine humectée avec quelques gouttes d'eau et de tripoli, le plus fin possible. Un dernier lavage à la potasse, puis à l'eau courante, rend le cuivre aussi pur qu'avant l'opération. Il est important de surveiller les creux qui sont peu profonds après cette première morsure afin de leur donner le brillant de la surface [1].

Deuxième morsure.

On reprend la planche qu'on a préalablement essuyée avec un chiffon doux et sec, puis on la fait tiédir pour faire disparaître toute trace d'humidité. On prépare le deuxième report quand le cuivre est refroidi.

Cette deuxième opération se fait exactement comme la première, mais toute l'attention de l'opérateur doit converger sur la précision du report. Nous avons indiqué la méthode à suivre. Nous n'avons pas à y revenir.

Si, par accident, le second dessin ne coïncidait

[1] Le nettoyage au cyanure et au blanc d'Espagne est préférable.

pas exactement sur le premier, ce qui peut arriver, même dans les mains les plus adroites, le report serait enlevé, non pas à l'essence de térébenthine, mais avec un tampon de coton imbibé de benzine. On essuierait pour recommencer l'opération, sans négliger de charger la planche à trois ou quatre reprises d'une pluie de résine. On soufflerait sur la surface, et ce n'est que la dernière couche déposée qui serait fondue comme il a été indiqué. Les marges seront protégées par le vernis au bitume et les piqûres des repères seront soigneusement recouvertes d'une couche plus épaisse de cette réserve.

Il ne faut pas oublier que l'acide mord les parties entamées d'une surface métallique unie, même à travers la couche de vernis.

Il y a certainement négligence de la part du graveur qui ne force pas le vernis à pénétrer dans le creux, mais nous attirons l'attention sur ce point, car l'accident se produit souvent contre toute prévision.

Cette seconde morsure a la même durée que la première, c'est-à-dire cinq ou six minutes, et la planche est ensuite traitée comme après la première morsure.

Le troisième report, qui est le dernier, exige d'autres soins. On en verra l'importance et l'utilité dans le Paragraphe suivant.

Troisième morsure.

Si l'on examine la planche après chacune des deux morsures, on se rendra compte de la marche de la gravure, et l'on observera que les grands noirs qui étaient seuls attaqués et creusés par l'acide, sont descendus plus avant dans le cuivre, on remarquera d'autre part que les demi-teintes moyennes qui n'avaient pas marqué sur le métal après le premier passage au bain, y sont visibles après cette seconde attaque. Elles sont, il est vrai, à peine accusées, mais elles prendront de l'énergie pendant la troisième morsure.

On voit, en conséquence, l'importance de tirer des reports intelligemment gradués.

Il est aisé de se rendre compte de leur valeur en faisant en quelque sorte abstraction du dessin dans l'examen pour ne suivre des yeux que les parties découvertes du métal qui constituent les demi-teintes à creuser. Il ne peut pas y avoir confusion ni incertitude après l'inspection de la planche.

En effet, le point ou la ligne à jour, se traduisant par la couleur rouge cuivre, sur le fond noir de la planche qui était découverte dès le premier report, ne sera jamais recouverte d'encre dans la superposition des épreuves suivantes, puisque les reports vont en s'affaiblissant et qu'à la place de la tache noire informe, ne laissant voir que quelques grands traits rouges sur le cuivre, la seconde épreuve, moins chargée, mais plus complète, indique non seulement les contours du dessin, mais en plus des éclaircies qui laissent deviner le modelé de l'épreuve définitive. Le dessin reporté prend vie sur le métal qui a été, comme nous l'avons vu, mis à nu par l'effacement de l'épreuve précédente. Des jours se sont faits sur des parties qui étaient recouvertes par l'encre du premier report. On pourrait, par excès de soins, multiplier les reports et mordre à six ou sept reprises différentes, comme il est d'usage dans la gravure en relief, en tirant des reports d'une gradation moins accentuée d'une épreuve à l'autre.

Dans ce cas, le temps que dure chaque morsure serait diminué d'un tiers ou de moitié, et la planche, après la série des opérations successives, porterait quand même un dessin suffisamment creusé.

Comment on communique le grain à la troisième épreuve de report.

La gravure en creux ou en relief de la demi-teinte exige l'intervention d'un grain quelconque, factice ou naturel.

Grain factice et grain naturel. — Le grain factice est celui qu'on dépose artificiellement par procédé mécanique sur les couches sensibles déjà formées en dehors de toute réaction chimique.

Tel est le grain produit par la pluie de résine.

Le grain naturel, au contraire, est le résultat de l'action chimique même qui rend sensible la surface qui donne l'héliographie. Il est bon de s'entendre sur cette question, qui a une grande importance dans la gravure chimique de la demi-teinte. La gélatine, chauffée dans les conditions que nous avons précisées dans un autre Ouvrage, fournit le grain chimique, qui est le produit, non pas de la surface grainée du métal, qui y contribue cependant, mais de la cristallisation du bichromate d'ammoniaque, qui se combine avec les éléments de la couche sensible.

Aussi, en opérant avec des couches douées du grain chimique, une seule exposition au jour donne à la fois l'épreuve et le grain naturel. Aucun trouble n'est apparent sur l'épreuve.

Double insolation. — Avec le grain chimique, il est préférable d'insoler en deux fois. Le bitume et la gélatine donnent des résultats supérieurs quand le grain factice, quadrillé ou pointillé, libre sur pellicule, ou appliqué directement sur la couche, n'intervient qu'après une première insolation préalable de la planche privée du grain.

Nous avons recours à ces deux moyens auxiliaires pour assurer le succès du dernier report, qui donne presque toute la valeur à l'épreuve définitive.

Nous prenons cette épreuve sur une couche de gélatine portant le grain naturel, c'est-à-dire donnant une épreuve piquée en tous sens.

L'emploi d'une pareille épreuve eût été préjudiciable au travail dans les deux premiers reports. La couche d'encre ne doit laisser aucune ouverture en dehors des éclaircies naturelles de l'épreuve. Par l'emploi d'un report à grain, la surface polie du cuivre serait piquée en tous sens et souvent à contre-sens. Il en résulterait un grisé général qui nuirait à la valeur de la reproduction.

Conjointement avec ce grain naturel, on aura recours au grain artificiel de la résine ou au grain formé par le bitume de Judée, qu'on appliquera d'une manière toute différente, comme nous allons l'expliquer.

Grain de bitume obturateur.

On substituera, dans la boîte à grainer, au mélange des deux résines, une quantité de bitume de Judée réduit en poudre (250^{gr} ou 500^{gr}).

Ce bitume n'est pas destiné à la fusion. Il ne sera pas employé comme réserve, mais comme écran.

Il servira à préparer un grain artificiel indépendant ou lié à la couche.

On a essayé de tous les moyens, et ces moyens nous les avons indiqués pour obtenir le grain, qui permet de transformer en gravure l'épreuve donnée par le négatif photographique. Voici des ressources nouvelles qui rendent ce travail facile, sans recourir au pointillé gravé sur cuivre ou incorporé dans la pellicule de gélatinobromure, qu'on ne trouve pas aisément et qui est, à notre avis, complètement inutile.

La couche de gélatine insolée n'est altérable accidentellement que par l'eau, les acides et par les produits qui, par leur nature, peuvent insolubiliser la couche imprimante; tels sont : le tannin, le borax, l'alun, le perchlorure de fer, etc.

Mais la surface sensible n'est pas influencée par le contact des vernis gras.

Si l'on étend une couche à peine appréciable de vernis sur une planche de gélatine, avant ou après l'insolation, la sensibilité de la planche ne sera pas diminuée, et la couche, après l'immersion dans l'eau, prendra l'encre aussi régulièrement que si le vernissage n'avait pas eu lieu. Mais il faut, dans ce cas, laver la surface de la gélatine, qui est poisseuse, avec un chiffon imbibé d'essence de térébenthine, assez soigneusement pour ne pas laisser trace de vernis.

On peut donc, sans crainte d'accident, décalquer

en demi-lumière sur la couche sensible un quadrillé pris d'une gaze légère, avant d'exposer au jour. Il est préférable cependant de n'appliquer le décalque sur la couche qu'après une première insolation, laissant ainsi à la lumière le temps d'imprimer le dessin librement et sans entrave. Dans ce dernier cas, l'épreuve a plus d'énergie et plus de netteté, tout en portant la trace du grain.

Mais, comme nous l'avons plusieurs fois répété, le quadrillé produit un effet déplorable sur les épreuves. On ne peut grainer ainsi que les planches destinées à reproduire des dessins industriels, en dehors de toute prétention artistique.

Cependant, comme il est bon de tout dire dans un Livre qui s'adresse à l'industrie, nous pensons qu'il n'est pas hors de propos d'indiquer sommairement comment ce décalque peut être fait, d'autant mieux que nous suivrons une méthode analogue pour arriver à un pointillé indépendant, qui pourra se superposer sur toutes les planches de Phototypie.

Application du noir.

On étend, comme pour imprimer, un peu de noir lithographique ou de l'encre de report sur la pierre de la presse, et l'on fatigue la couche avec le rouleau en cuir afin d'égaliser le noir et de lui donner la moindre épaisseur possible.

Tirage du grain factice. — On choisira, comme tissu pour former le quadrillé, tout ce qu'il y a de plus fin en mousseline blanche ou noire. On l'étendra, après avoir repassé l'étoffe au fer chaud et sans encollage sur la pierre encrée. Le tissu sera recouvert d'une feuille de papier et d'un carton satiné et l'on donnera deux ou trois tours de presse. Trop de pression aplatirait le fil sans communiquer une plus grande quantité d'encre à la mousseline.

On relèvera ensuite le tablier de la presse pour encrer de nouveau la pierre, et une seconde pression sur le quadrillé mis cette fois en travers, si la première application a été faite dans le sens de la longueur, complètera l'encrage.

Il ne reste plus maintenant qu'à poser la planche qui prend la place de l'étoffe sur la pierre, et d'y appliquer le quadrillé. Un coup de presse fixera sur la couche de gélatine une partie du noir, et la gélatine aura pris dès ce moment le quadrillé, qui arrêtera la lumière sur les points voilés.

Nous répétons ici, encore une fois, qu'il est mieux d'opérer ce décalque vers les deux tiers du temps nécessaire à l'insolation.

Il ne faut pas tenter de décalquer sur la gélatine un pointillé ou un quadrillé tiré sur papier d'une planche gravée, comme on le fait quelquefois sur la couche de bitume.

Le bitume, qui supporte l'eau du mouillage, rend

ce report possible, mais la couche de gélatine ne pourrait pas supporter ce traitement.

Voici comment le pointillé doit être communiqué à la couche :

Vernis fort. — On verse quelques gouttes de vernis lithographique *fort* sur un verre, et mieux sur une glace. Ce vernis est étendu à l'aide d'un rouleau en gélatine exempt de noir. Un vieux rouleau peut servir s'il a été roulé dans une cuvette où l'on a versé 1^{mmc} ou 2^{mmc} de benzine. On essuie avec un chiffon blanc sans employer l'eau. Quelques gouttes de benzine supplémentaires feront disparaître les dernières traces de noir.

On étend après une couche très mince de vernis sur la plaque de cuivre recouverte de la couche de gélatine sensible et l'on soulève, comme il a été dit, un nuage de poussière de bitume dans la boîte à grainer, où la planche est introduite sans attendre ; car le bitume se précipite dans le bas de l'appareil plus vite que la résine.

On renouvelle deux ou trois fois cette opération si le pointillé ne paraît pas assez serré après le premier saupoudrage.

Grain sur gélatine. — La planche de cuivre, revêtue de son grain peut être insolée immédiatement en prenant quelques précautions pour ne pas troubler le voile noir superposé. On pourrait attendre le lendemain pour exposer à la lumière dans le châssis-presse, afin de laisser au vernis le temps de se raffermir et d'étreindre mieux et plus solidement la poudre noire. Mais ce soin est superflu. Le bitume ne se trouble pas dans le contact et le cliché ne court aucun risque. Le bitume seul porte sur le verre sans s'y attacher et sans y laisser de trace.

Voici encore une manière de former le grain sur la dernière épreuve de report. Elle n'est pas sans valeur.

Au sortir de la cuvette d'eau, l'épreuve, entièrement pénétrée par l'humidité, est placée sur une glace de dimensions convenables pour pouvoir entrer dans la boîte à grainer. Le dessin est en dessus, l'application du papier sur le verre sera exacte, sans plis et sans bosses. La boîte est ensuite agitée et retournée plusieurs fois sur elle-même, puis mise sur pied.

Il est essentiel, quand la boîte à résine est au repos, de frapper avec les deux mains sur toutes les parois et sur le haut de l'appareil, pour éviter les entassements de résine, qui se détachent quelquefois par flocons et qui obligent à recommencer l'opération du grainage.

On introduit alors dans la boîte la feuille de verre portant l'épreuve.

La résine ou le bitume, les deux produits se valent, se dépose directement sur l'épreuve.

Dans l'opération du report, ce pointillé sec fixé directement sur l'encre, ne permet pas au noir de s'attacher au métal. Le résultat est remarquable par la finesse du grain, si le décalque est bien fait. Mais il faut éviter de laisser déposer la résine en trop grande épaisseur. On sera sobre dans ce poudrage et l'on évitera dans ce seul cas de trop humecter la feuille de report pour éviter les boursouflures qui se produisent quelquefois sur le papier, malgré la pression, et qui laissent des places vides où le report ne prend pas. On peut toujours, en cas d'accidents de ce genre, prendre une autre épreuve et recommencer l'opération. Il ne faut pas négliger, avons-nous dit, de tirer quelques épreuves supplémentaires. Ces épreuves arrivent à point et il n'y a pas de temps d'arrêt dans le travail.

Grain indépendant. — On procède comme plus haut pour préparer un grain indépendant qu'on a toujours sous la main sans avoir recours à tout instant à la boîte à grainer.

On couvre de vernis lithographique un verre ou mieux une vraie glace qui est moins sujette à se briser sous la pression des vis du châssis-presse et on la soumet à la pluie de bitume. On arrête l'opération quand le grain offre un aspect régulier, dès que le pointillé paraît suffisamment serré. On laisse sécher le vernis deux ou trois jours et, après ce temps, la poussière de bitume est en quelque sorte incrustée sur le verre, et la couche n'exige pas de soins attentifs pour être conservée intacte.

Ces grains, très commodes dans la gravure, peuvent être gradués. On doit avoir sur les rayons de l'atelier cinq ou six glaces portant chacune une granulation plus ou moins grosse où l'on choisit le pointillé qui convient le mieux au type qu'on a à reproduire.

Dans le grain fixe destiné à la fusion sur une planche de métal bitumé, on peut aussi varier la grosseur du grain sur la même planche, en couvrant toute la surface du métal d'une couche de résine d'une grosseur de grain déterminée. Avant de fondre, on enlève au blaireau la résine qui ne doit pas rester et l'on ne soumet à la fusion locale sur la flamme d'une lampe à alcool que la résine laissée sur les points qui exigent un grainage particulier.

On a la même ressource sur la couche de gélatine. On passe au rouleau la couche générale de vernis et l'on étend, sur la partie du dessin qui demande un grain plus accentué, une couche de résine passée dans un tamis calibré.

On met en boîte des grains de résine de toutes dimensions pour les retrouver par numéro au moment de l'emploi. On peut encore faire le poudrage général de la planche vernie et enlever la résine trop fine avec un pinceau sur les parties qui sont indiquées par l'insolation et qui exigent un grain plus gros. On recouvre ensuite ces mêmes parties de vernis mis au putois, et l'on y fait déposer dans la boîte le grain voulu, si l'on n'attend pas que les gros grains de résine soient tombés avant d'introduire la planche dans l'appareil. Les deux grains sont fondus ensemble. Ce grain local peut être distribué à l'aide d'un cornet de papier percé dans le bas d'une ouverture moyenne et l'on s'en sert en guise de sablier, pour couvrir exactement les points du dessin indiqués sur la planche par la première partie de l'insolation.

On soumet la planche dans son entier à la pluie de résine ou de bitume et l'on souffle ensuite avec un tuyau de plume sur la partie qui a reçu préalablement le grain local, en plaçant le tube presque en contact avec la couche. Le gros grain reste fixé sur le vernis et la poussière plus légère qui le recouvre est soulevée et écartée par le souffle. Cette opération quoique délicate réussit bien avec un peu d'adresse.

Grain factice sur glaces sèches au gélatinobromure.

Dans la Photographie aux sels d'argent, un Traité ne vise que le négatif qui est le point de départ des opérations qui suivent. Si le cliché n'est pas parfait, les épreuves seront défectueuses.

En gravure, le négatif à la même importance, mais il faut, en plus, tenir compte non pas des qualités qui lui sont propres, mais de son aptitude à reporter sur le métal une héliographie susceptible d'être transformée en héliogravure.

C'est pour cela que nous passons en revue tous les moyens plus ou moins ingénieux qui tendent à la formation de l'élément qui est la base du travail dans l'impression en creux et en relief.

Chaque méthode indiquée est bonne en soi. Mais tel moyen qui est adopté dans un atelier et qui paraît suffisant, par suite de l'habileté de l'opérateur, ne convient pas dans un autre milieu où l'on préfère des effets différents.

On a vu que le grain pouvait être communiqué soit à la couche, soit au négatif.

Nous conseillons au graveur de tenter encore le grainage du négatif en opérant comme nous allons l'indiquer.

Le quadrillé imite assez bien le grain de résine, et sur le négatif lui-même vu par transparence, il est absorbé par les noirs et s'accentue par degré dans les teintes. Le résultat est naturellement inverse dans l'impression sur papier.

Cette application n'est pratique qu'autant que le négatif se fait à la chambre noire.

On commence par communiquer le grain à la couche de gélatinobromure. Une glace sèche rendue sensible par un procédé quelconque peut lui être substituée.

La glace, avant de passer par l'objectif, est influencée sous une lumière très faible et au châssis-presse sur un quadrillé en mousseline ou sur une toile à tamis du numéro le plus fin.

Le quadrillé étant déplacé trois ou quatre fois pour effectuer le croisement des fils en tous sens, la glace doit nécessairement être portée au jour à chaque reprise.

Le point essentiel est donc de ne pas abuser de la sensibilité de la couche, et de lui conserver assez d'énergie pour fournir après un négatif vigoureux quand on l'exposera dans le châssis de la chambre noire.

L'opération est beaucoup moins délicate avec des verres préparés au collodion sec, qu'il ne faut pas dédaigner, malgré la supériorité du gélatino-bromure sous certains rapports.

On comprend qu'avec des glaces instantanées, on soit exposé à griser le négatif qui ne se renforce pas dans le bain de fer et d'oxalate et qui reste dans les conditions d'une glace surexposée. Si l'on réfléchit qu'une seconde suffit à la lumière d'une allumette pour obtenir un cliché inverse au châssis-presse, on comprendra que l'exposition du quadrillé ne peut pas être faite à la lumière du jour, même à l'ombre.

On réussit bien dans le cabinet noir à verres rouges voilés, en recevant sur le châssis-presse la lumière d'une bougie masquée par une feuille de papier écolier.

On éteint à chaque reprise le transparent, en

interposant une feuille double à la seconde exposition et une triple feuille à la troisième. Chaque pose doit être limitée à une seconde.

Le résultat est le même, si le grain et le négatif sont faits à la chambre, sans l'intervention préalable du châssis-presse.

Le quadrillé en étoffe est appliqué sur un carreau de la terrasse éclairé par la lumière extérieure, et la glace sèche en reçoit l'empreinte par transparence. L'opération ne réussit bien qu'à la tombée du jour. On peut dans ce cas réduire le quadrillé.

Il est essentiel en tous cas de bien connaître la sensibilité des glaces qu'on emploie.

Nous avons dit quelque part, dans ce Livre, que l'industrie livrait des glaces quadrillées, c'est-à-dire préalablement exposées soit sous un quadrillé, soit sous un pointillé. Nous avons ajouté que l'achat de ces verres n'avait pas raison d'être. On voit en effet, par ce qui précède, que les verres ordinaires du commerce se transforment aisément en glaces spéciales réservées aux travaux de gravure.

Les méthodes diverses que nous rappelons n'ont rien d'absolu. Mis au courant de ce qui se fait, l'opérateur est, dès lors, assez industrieux de lui-même pour perfectionner et pour modifier l'opération.

Ne gardant rien pour nous-même, nous sommes reconnaissant pour nous et pour les autres, aux lecteurs qui veulent bien nous communiquer leurs appréciations et leurs idées qu'ils ne craignent pas de divulguer. C'est un moyen sûr de les généraliser.

Bien des plaques seraient perdues si l'on opérait comme nous l'avons indiqué en principe.

Dans la pratique, on ne borne à quadriller par avance plusieurs verres avec des grains de différentes grosseurs.

Ces verres n'ont pas à recevoir un dessin à la chambre noire. Ils sont mis en réserve pour l'usage à l'état de quadrillé après développement et fixage.

On évite ainsi une perte de temps considérable; on économise les verres, et le quadrillé est ainsi produit, sur la glace qui doit passer devant l'objectif, en une seule exposition.

On ne court plus le risque d'affaiblir la sensibilité du verre qui doit servir à la reproduction, puisque le grain tout entier, par suite des croisements de lignes formées préalablement sur le type, lui est communiqué sans déplacement par une insolation qui ne dure qu'une seconde.

Le verre après avoir été influencé sur le grain est ensuite placé dans le châssis de la chambre, devant le dessin de teinte, et l'on opère dans les conditions de pose ordinaire.

Au développement, le négatif donne un dessin pointillé.

Le quadrillé mobile s'obtient dans d'excellentes conditions, par exemple, en se conformant à ce qui suit.

Le tissu est fixé par les quatre angles avec du papier gommé sur la glace du châssis-presse. Un carré de mousseline trop étroit ne convient pas pour cette opération. Le tissu doit avoir comme longueur une mesure supérieure à celle de la diagonale de la glace sensible.

Le tissu étant immobile, c'est la glace sensible qui est déplacée après chaque insolation.

C'est dans ce cas surtout qu'il faut se défier de la lumière et même de la lumière rouge, puisque le quadrillé n'est complet qu'après quatre ou cinq insolations.

Le châssis-presse chargé est retourné sur la table du laboratoire, la glace en dessous.

On enflamme une allumette et l'on attend que le soufre ait brûlé et que la flamme soit vive.

Le châssis est alors présenté à la main à la distance d'un mètre. On rapproche la flamme d'un cinquième dans chacune des insolations qui suivent. En soulevant le verre rouge de la lanterne du laboratoire, on peut impressionner dans les mêmes conditions à la lueur de la bougie, mais l'allumette vaut mieux, car on peut, en la soufflant instantanément, ne poser qu'un quart de seconde, puisqu'on a le temps de projeter quatre fois le souffle dans ce court intervalle.

On ne doit pas oublier que des glaces rapides, des Bernaert par exemple, donnent un bon négatif en une seconde dans les conditions que nous exposons.

La glace, dans les cinq poses, est déplacée par cinquième comme un disque mobile sur son axe.

CHAPITRE VIII.

Retouches.

On peut exécuter certaines retouches après chaque morsure et creuser certains traits qui n'ont pas atteint une profondeur de taille en rapport avec l'effet qu'on en attend sur le papier.

On comprend, en effet, que si la première morsure n'a pas porté suffisamment sur un point quelconque, toutes les morsures qui suivront, tout en donnant au trait plus de profondeur, n'aboutiront pas à le mettre en harmonie avec l'ensemble.

Il est prudent de remédier, dès le début, à ces accidents locaux, si l'on veut arriver à produire une épreuve aussi parfaite que le procédé le permet.

Ce sont là des soins minutieux à donner à la planche, mais la gravure, même la gravure chimique qui n'est au fond qu'un procédé mécanique intelligent, ne peut pas se faire autrement.

Si l'on s'aperçoit, en nettoyant le cuivre, pour

enlever le report après la gravure, qu'un trait n'a pas suffisamment mordu, ce trait ou plutôt cette place vide (car il n'y a pas de trait dans le demi-teinte), qui aurait pu être découverte immédiatement après le report avec une pointe émoussée pour enlever l'encre sans attaquer le cuivre, ce trait, disons-nous, sera creusé non pas à la pointe dont le travail s'accorderait peu avec la morsure de l'acide, mais avec la mixtion dont la formule suit, qu'on étendra sur la place à retoucher avec la pointe d'un pinceau fin.

On procédera comme si l'on voulait tracer le trait en noir avec de l'encre de Chine.

Si cette retouche, qui peut être nécessaire sur plusieurs parties de l'épreuve, portait sur un trait incomplet après la troisième morsure, on ne négligerait pas de passer le cuivre à la résine et de fondre le grain avant d'appliquer la mixtion qui pénétrerait droit dans le métal sans laisser un fond irrégulier et piqué pour retenir l'encre dans le tirage de l'épreuve en taille-douce.

Mordant local. — Il serait mieux d'exécuter ces retouches en bloc, après la troisième morsure pour éviter d'arrêter la marche de l'opération.

FORMULE.

Chlorure de sodium.	20gr
Chlorhydrate d'ammoniaque.	20
Acétate de cuivre.	20

Les produits sont préalablement déshydratés dans une capsule en porcelaine qu'on place sur un feu doux. Chaque produit est desséché séparément.

On les réunit ensuite, pour les broyer, sur une glace avec une molette en verre, et la poudre porphyrisée est renfermée dans un flacon à large ouverture bouché à l'émeri.

Ce mordant est très hygrométrique, et comme il faut l'employer sec, on veillera à ne pas lui laisser prendre l'humidité de l'air.

Le mordant est étendu au pinceau, sur la ligne qui doit être creusée, comme on ferait pour une couleur à l'huile.

On substitue à l'huile du miel liquide et l'on broiera le produit pour le réduire en pâte fluide et homogène, de consistance telle que le pinceau puisse l'étendre.

Il faut éviter un excès de fluidité, la pâte pourrait couler au delà de la ligne tracée, en absorbant l'humidité.

Les graveurs au lavis emploient souvent un procédé analogue.

Nettoyage des planches. — Après la troisième morsure, le cuivre est nettoyé à fond.

Les derniers soins à donner à la gravure sont délicats.

Si la surface polie a été grisée par le bain acide,

c'est au charbon qu'il faut avoir recours pour ramener le poli. Les traits incomplets et incorrects sont repris avec le mordant dont on a lu la formule plus haut.

La planche est confiée à un graveur si l'on ne se sent pas de force pour rendre la gravure irréprochable.

Nous verrons plus loin que ce même travail est beaucoup plus facile sur zinc et qu'il peut être exécuté de plusieurs manières.

Choix du charbon. — Il faut un charbon de choix pour adoucir les traits trop accentués dans la gravure et pour faire disparaître au besoin les attaques superficielles étrangères au dessin.

On choisit, dans un sac de charbon de bois ordinaire de cuisine, les rondins qui sont restés intacts et qui ne sont pas fendus dans le sens de la longueur du cylindre. Les morceaux qui paraissent les plus légers sont mis à part et on les partage en deux avec une scie fine de manière à obtenir en biseau le point où l'on opère la section.

On examine ensuite si la tranche mise à jour par la scie est pleine et sans fendillement rayonnant du centre à l'ovale, et l'on ne conserve que les fragments qui sont exempts de ces défauts.

Le premier polissage du cuivre se fait à l'eau. Le charbon doit mordre le métal et l'entamer finement et sans rayure.

Il est prudent d'enlever à la râpe à bois l'écorce toujours dure qui recouvre les charbons tendres qui ont été choisis. Un charbon qui glisse sur le cuivre par la pression sans opposer de résistance est à rejeter.

Le charbon provenant du bois de saule est le meilleur, mais les bois tendres en général offrent du choix.

On éloigne du cuivre posé sur une glace tous les corps durs qui pourraient le rayer, et surtout le sable qui sert au grainage des planches et qu'on retrouve un peu partout dans l'atelier. C'est le plus grand ennemi du polissage dont les surprises sont fréquentes et souvent irréparables.

Le charbon, en usant le cuivre, se charge, dans la partie qui est aux prises avec le métal, d'une limaille fine atomique qui, sans pouvoir rayer la planche, émousse complètement le mordant du charbon. Il faut le dégager sous l'eau en le frottant sur une glace doucie.

L'huile remplace l'eau dans le dernier polissage.

Les graveurs en taille-douce ou à l'aquatinte se servent d'un charbon qu'ils conservent dans un vase plein d'huile. Le corps gras pénètre peu à peu le carbone, le rend plus doux et supprime l'emploi de la burette.

Quand toutes les opérations sont achevées, la planche est lavée à la benzine, puis à la potasse pour dégager les creux. On rince à l'eau fraîche et l'on fait sécher le cuivre près du feu.

Impression. — On peut alors s'occuper de l'impression et du tirage.

Nous renvoyons à la fin de cette Brochure le Chapitre où cette partie sera rappelée.

CHAPITRE IX.

Reliefs de demi-teintes sur cuivre par la même méthode.

La gravure chimique se fait peu sur cuivre.

Le zinc, qui est à bas prix et qu'on grave plus facilement et avec plus d'économie, est le métal qui a, avec raison, la préférence des graveurs chimiques. Du reste, jusqu'à ces derniers temps la gravure héliographique en relief n'avait traité que le dessin au trait.

Elle attendait les méthodes nouvelles qui permettent la gravure typographique de la teinte.

Pourquoi le relief sur cuivre. — La gravure de la teinte en relief sur cuivre peut, dans certains cas, offrir des avantages, et la méthode que nous venons de suivre s'y prête mieux que tout autre procédé.

En effet, le point délicat dans le relief sur cuivre est d'obtenir l'œil, c'est-à-dire un premier relief, insuffisant pour le tirage, mais qui permet de renforcer au rouleau l'héliographie du bitume ou du report, sans toucher le fond.

Ce premier encrage qui n'offre pas l'ombre de difficulté sur le zinc, après le passage du métal dans le bain de préparation ou dans le bain faible de morsure suivi d'un léger gommage, n'est pas facile à exécuter sur le cuivre qui n'est pas doué de la propriété de repousser l'encre, ou mieux qui ne la possède qu'à un faible degré après morsure spéciale au chlorate de potasse aiguisé par l'acide chlorhydrique.

Modification de la méthode. — Il y a beaucoup à modifier dans la conduite générale de l'opération de la mise en relief, quoique cette méthode soit basée sur les mêmes principes que la gravure en creux.

Les épreuves de report seront la cheville ouvrière dans l'exécution de la gravure.

Elles seront tirées sur un cliché négatif ni trop fort ni trop faible. Trois décalques suffiront.

Après la gravure des trois reports, le fond de la planche de cuivre sera assez bas pour être à l'abri de l'atteinte du rouleau dans l'encrage.

Suppression du bitume. — On continuera, après, la morsure, la méthode ordinaire du gillotage.

Ce moyen permet de supprimer l'emploi du bitume qui ne se prête pas facilement à la gravure de la teinte. Il peut marcher de pair avec une autre méthode que nous développerons dans d'autres Chapitres.

Les épreuves pour le relief ne doivent pas être graduées.

Les trois reports ne seront bons pour l'emploi qu'autant qu'ils seront identiques et qu'ils reproduiront le type dans tous les détails.

Ce moyen d'exécution serait sans valeur si, dans la gravure de la teinte, le relief devait atteindre la hauteur du relief linéaire. Quelle que soit la richesse du report en encre, les points en général, qui ne sont en masse que des grisés délicats, seraient enlevés au cours des morsures.

Tirage des trois épreuves. — Mais on comprend sans réflexion et tout naturellement que deux ou trois reports identiques superposés puissent déprimer le cuivre assez pour permettre au rouleau d'encrer la surface sans toucher le fond. On peut faire couler l'encre après chaque morsure, mais l'emploi du grain de résine fondu serait un obstacle au résultat final. Il faut même user de grandes précautions dans la fusion de l'encre et s'arrêter à propos.

Ces procédés, utiles à étudier en raison de leur nouveauté et des services qu'ils sont appelés à rendre, ne peuvent pas être jugés seulement au point de vue de la gravure qui a pour objectif exclusif la production des planches destinées à l'impression.

En dehors de l'imprimerie qui tient le premier

rang dans les applications héliographiques, il est d'autres industries qui usent de nos procédés; nous voulons dire des méthodes qui ont comme initiateurs Nicéphore Niepce et Poitevin, les seuls maîtres dont les idées générales sont commentées et développées dans nos écrits.

Il est à notre connaissance bon nombre de bijoutiers et de ciseleurs qui adoptent sans arrière-pensée ces innovations, qui restent quelquefois infructueuses dans la main des tailleurs d'images, nom qu'on donnait aux graveurs à l'origine de cet art, et de l'imprimeur actuel, mais qui sont acceptées sans discussion et à bras ouverts dans d'autres ateliers où le burin est trop lent à produire.

C'est la raison qui nous engage à décrire tous les procédés susceptibles de donner des résultats de gravure, de damasquinerie, de niellure, dont l'opérateur, quelle que soit sa partie, peut tirer un parti quelconque.

Il est évident que le peintre paysagiste et l'artiste qui reproduisent sur la toile le portrait ou les scènes historiques de batailles n'ont pas la prétention de demander à la Photographie la création de leurs tableaux; mais on avouera cependant que la Photographie leur vient en aide à plus d'un point de vue.

Il y a donc, dans des écrits de ce genre, à prendre et à laisser; mais il est incontestable qu'on peut toujours, en glanant, trouver un épi dans ce champ fécond et sans limite qui s'étend à mesure qu'on avance.

Les reports pris sur couche de gélatine doivent être, disions-nous, uniformes et fortement encrés, sans dépasser cependant certaines limites pour éviter d'alourdir le trait. Le grain de résine, qui n'intervient ici que comme auxiliaire pour renforcer le report et préserver le dessous du dessin de l'acide, nuirait à la finesse de la reproduction. On n'y aura recours qu'après la première morsure. On arrêtera la superposition des épreuves décalquées de la même manière que les épreuves pour la taille-douce, suivant le plus ou moins d'aptitude et de sûreté de main qu'on a dans le maniement du rouleau.

Tout l'artifice dans la mise en relief du cuivre consiste dans la superposition exacte des reports l'un sur l'autre.

On comprend que, sans l'aide de la phototypie qui peut seule donner des épreuves de teinte, cette application à la gravure en relief sur cuivre pour reproduire le paysage pris sur nature, le portrait, l'aquarelle et les dessins en grisailles, serait encore à l'état de recherche.

La demi-teinte en relief sur cuivre date de ces dernières années.

La succession des reports sur le cuivre n'a pour but que de fortifier l'épreuve à mesure que l'acide pénètre dans le métal, puisqu'on ne peut pas renforcer le premier report au rouleau sur un fond qui est incapable de repousser l'encre.

On cesse la superposition des épreuves dès que le relief est assez prononcé pour soutenir le rouleau et l'empêcher de plonger. Un encreur adroit peut se borner à deux reports.

Pour la gravure qui reste à faire, on suivra sans modifications la marche suivie dans le gillotage sur zinc.

Avant de tenter les applications sur zinc qui suivent, nous conseillons au débutant de bien se pénétrer des règles que nous indiquons ci-après, et de porter son attention sur le formulaire.

Règles à suivre sans intervertir l'ordre des opérations quand on débute dans l'impression sur zinc.

1° Laver le zinc avant le report ou avant l'albuminage avec de l'eau saturée de carbonate de potasse. Rincer. Sécher vivement.

2° Reporter ou exécuter l'héliographie.

3° Laver le zinc après le report pour enlever la colle de pâte ou le blanc. Rincer. Sécher.

4° Gommer légèrement. Sécher.

5° Remonter le dessin au rouleau ou à l'éponge. Talquer.

6° Enlever les taches ou le voile avec le bain à dépréparer.

7° Préparer pendant cinq minutes. Laisser égoutter.

8° Laver encore. Gommer. Sécher vivement.

9° Laisser une demi-heure la planche sous gomme.

10° Commencer le tirage.

BAIN DE DÉCAPAGE.

Eau	100^{cc}
Carbonate de potasse.	100

BAIN DE GOMME.

Eau	100^{cc}
Gomme arabique	10^{gr}

BAIN DE PRÉPARATION.

Décoction de noix de galle. . . .	1^{lit}
Solution épaisse de gomme. . . .	10^{cc}
Acide phosphorique.	5

ou

Décoction de noix de galle.	1^{lit}
Acide azotique	4^{cc}
Acide acétique.	5 gouttes

BAIN A DÉPRÉPARER.

Eau	100^{cc}
Acide acétique.	50^{gr}

BAIN CONTRE LE VOILE.

Eau	250^{cc}
Acide acétique.	25

BAIN DE MOUILLAGE PENDANT L'IMPRESSION.

Eau	100^{cc}
Glycérine	1
Acide phosphorique	1 goutte.

En suivant l'ordre des opérations et en appliquant les bains ci-dessus, on ne trouvera aucune difficulté dans l'impression sur zinc.

CHAPITRE X.

Application sur zinc de la méthode des trois reports.

Avant réflexion, on se demandera quelle peut être l'utilité d'exécuter ce genre de gravure sur zinc, puisqu'on peut, par un simple report sur ce métal, obtenir des épreuves de demi-teintes.

On ne réfléchit pas qu'il y a une grande différence dans le résultat, suivant qu'on tire au rouleau ou que l'impression se fait en taille-douce.

Épreuves vigoureuses, épreuves grises. — Le rendement du rouleau, qui ne distribue que superficiellement l'encre sur la planche, donne, il est vrai, de belles épreuves, rendant bien le type ; mais les copies, au lieu d'offrir du velouté et de la profondeur dans les noirs et cette gradation de tons qui finit aux ombres légères, se montre d'une seule venue, et ce gris général inévitable fait paraître les épreuves plates et froides.

Nous savons qu'une planche gravée n'a pas les mêmes défauts et que la dégradation des tons est conforme à l'aspect qu'on remarque sur le type.

Quoique nous ayons pris le cuivre comme métal pour développer le système, la méthode est d'une exécution beaucoup plus facile sur zinc, en ce sens (et cette latitude a une grande importance) que chaque report peut être renforcé au rouleau lithographique et qu'on assure alors la pureté du fond qui a une si grande importance dans l'impression en taille-douce.

Le zinc et la taille-douce. — On pourrait se demander si le zinc est un métal convenable pour l'impression en taille-douce, puisque le cuivre paraît déjà trop peu résistant au graveur, parce qu'il s'use trop vite sous le chiffon.

On oublierait sans doute, si l'on formulait ces objections, que le cuivre est soustrait à l'usure de l'impression par un revêtement superficiel et pelliculaire d'une couche de fer. Cette opération que nous avons décrite ailleurs, porte dans l'industrie le nom d'aciérage.

La planche de zinc gravée sera donc protégée par une couche analogue, et c'est dans un bain de nickel que le zinc sera plongé.

Le nickel qui est inoxydable et d'une dureté presque égale à celle de l'acier, se juxtapose très régulièrement sur le zinc et avec la même facilité que l'or prend sur le cuivre.

L'adhérence qu'il y contracte est complète. Une

couche infinitésimale, qui se réduit presque à ce que l'on nomme un blanchiment en galvanoplastie, suffit pour assurer un long tirage. Nous donnons ici la formule du bain pour ne pas y revenir.

L'application du nickel sur zinc ordinaire et sur zinc gravé se fait aujourd'hui couramment dans l'industrie et, dans les grands centres, le graveur peut porter ses planches dans les ateliers d'électrotypie.

Nickelage. — A défaut, l'opération peut être faite dans le propre atelier du graveur. L'opération n'est ni longue ni difficile avec une bonne formule de bain. Celle qui suit est dans ce cas, mais elle n'est pas la seule.

La valeur du bain de nickel dépend avant tout de la pureté du sel qu'on emploie, de la préparation intelligente du bain et du traitement de la planche, qui doit être d'une grande propreté.

Quelques lignes suffiront pour renseigner exactement l'électricien improvisé.

FORMULE.

Sulfate double de nickel et d'ammoniaque	500gr
Eau distillée.	5lit

Une ébullition préalable assure la marche régulière du bain.

Il existe de nombreuses formules où il est question d'autres sels : carbonate d'ammoniaque, azotate, chlorure, bisulfite, etc. Tous ces sels n'entrent dans la composition du bain que pour en assurer la neutralité et n'exercent aucune influence sur la qualité du dépôt métallique qui nous convient.

Le nettoyage de la planche ou décapage se fait avec une brosse douce dans une solution de carbonate de soude dans l'eau chaude, où l'on mêle une certaine quantité de blanc d'Espagne.

Ces planches sont recouvertes de nickel dans une cuve ordinaire de galvanoplastie doublée en gutta ou en plomb, où elles restent de cinq à vingt minutes, suivant l'épaisseur du dépôt qui doit être plus léger, à mesure que la gravure est plus fine.

Deux piles de Bunsen actionnant un bain de 15^{lit} à 20^{lit} imprimeront au courant une énergie convenable.

On a soin, au cours du dépôt, d'agiter la planche en lui imprimant un mouvement d'avant en arrière et réciproquement.

Les zincs retirés du bain sont lavés d'abord à l'eau froide, puis à l'eau chaude et séchés immédiatement près du feu.

Nous disions, avant cette digression au sujet du nickelage, que la méthode que nous exposons était d'une exécution plus facile sur zinc que sur cuivre. Sur cuivre, en effet, nous n'avons d'autres ressources pour consolider le report que le grain de résine fondu. Si, par défaut de patience et en vue d'activer le résultat, on emploie un bain acide trop énergique, le fond de la planche, comme nous l'avons fait observer, court risque d'être entamé.

Ce danger n'est pas à craindre avec le zinc. En effet, après avoir reporté l'épreuve, on pourra renforcer le dessin au rouleau et le couvrir de l'encre dont la formule est plus haut.

Il est inutile d'encrer les trois épreuves, quand on opère sur zinc, avec l'encre spéciale dont nous parlons.

L'encre de report peut la remplacer et le zinc a plus de sympathie pour cette dernière.

C'est dans le renforçage que l'encre spéciale aura surtout son application.

Il faut quand même employer la résine en poudre, en suivant exactement les indications qui ont été données pour la gravure sur cuivre.

En opérant sur zinc, il faut donc, après chaque report :

1° Préparer la planche :

2° La gommer ;

3° La laver et l'encrer.

On prépare la planche en la mettant en contact dans une cuvette avec le bain suivant. La durée de l'immersion est de cinq ou six minutes.

Noix de galle.	100gr
Gomme arabique.	100
Eau ordinaire.	1000

La décoction de la noix de galle se fait dans une capsule en porcelaine ou en toute autre matière. On évitera d'employer un récipient en fer, car l'acide particulier à la noix de galle, qui est l'acide gallique, se combine avec ce métal, et la liqueur prend une couleur noire désagréable qui ne peut être que nuisible, puisqu'elle ternit la teinte claire du zinc.

On ajoutera à ce bain 20^{cc} d'acide phosphorique. Une plus grande quantité communiquerait au bain assez de mordant pour attaquer le métal, et cet excès d'acide nuirait à la préparation plutôt que d'y concourir. L'acide phosphorique seul peut suffire à la rigueur pour rendre le zinc lithographique, mais cette propriété s'accentue davantage quand cet acide est en combinaison avec la noix de galle.

Ce dernier produit sera rejeté du bain de préparation dans les méthodes où le zinc est recouvert d'une couche d'albumine sensibilisée. On trouvera l'explication de cette exclusion dans un autre Chapitre où il sera parlé de la gravure par l'albumine.

Il est inutile de laisser sécher la préparation sur le zinc, comme il a été recommandé pour d'autres applications. On se bornera à gommer la planche en employant la gomme en solution faible, et l'on séchera immédiatement le zinc avec un chiffon souple.

On dégommera quand le métal sera sec et l'on consolidera le report au rouleau avec l'encre spéciale.

Ce n'est qu'après l'encrage qu'on passera le report au bain de préparation. On le renforcera ensuite par une pluie de résine.

Le premier report, comme nous l'avons plusieurs fois répété, diffère peu d'une large tache noire. Il n'y a que les grandes lignes qui soient à découvert. C'est le moment, et nous passons ce détail sous silence, d'ouvrir à l'aiguille émoussée les lignes blanches qui sont quelquefois voilées ou incorrectes. Cette retouche est nécessaire quand il s'agit du zinc où le dessin est fortifié par l'encrage. Le rouleau, si l'on n'y prenait garde, couvrirait complètement ces lignes à peine ombrées de noir.

Réponses à quelques objections. — On pourrait se demander pourquoi on ne transporterait pas, dès le début, une épreuve parfaite, puisque le zinc permet de renforcer l'épreuve et qu'on peut ainsi mordre à volonté, sans danger de toucher au fond comme sur le cuivre, jusqu'au moment où les grandes lignes seront suffisamment creusées.

La gravure serait ainsi terminée d'un seul coup sans passer par les autres reports.

On comprend, en effet, dira-t-on, que la superposition des épreuves soit nécessaire sur cuivre, puisque le métal, malgré toute préparation, prend indifféremment partout l'encre du rouleau; mais à quoi bon appliquer au zinc, qu'on peut y soustraire, un traitement qui paraît n'avoir d'autre but que celui de compliquer le travail du graveur?

Ne pourrait-on pas, à la rigueur, décalquer tout d'abord une épreuve inverse complète avec toutes ses demi-teintes et couvrir de vernis de réserve les parties assez mordues, tout en laissant aux noirs intenses le temps de descendre dans le métal?

Nous formulons ces questions supposées pour démontrer que la méthode que nous traçons est la seule à suivre.

Est-il nécessaire de répéter que dans le gillotage, où le report positif unique est complet, les finesses du dessin disparaissent dès le premier encrage et qu'on soustrait à mesure et d'une manière intelligente, mais en quelque sorte mécanique et fatale, les demi-teintes à l'acide. En outre, on a pour guide le dessin même qui est une épreuve directe dont on suit sans difficulté la disparition lente, mais ordonnée, sous chaque coulage d'encre à mesure que le travail avance.

Cette direction, dans la gravure en creux ne serait pas facile à suivre. Il faut toujours faire un effort d'imagination pour suivre le progrès de la gravure en sens contraire du dessin, et si l'on prétendait fermer avec du petit vernis les parties légères qu'on suppose suffisamment mordues, et continuer ainsi jusqu'à la fin de la morsure, on aurait des déceptions sérieuses au nettoyage du zinc. Chaque touche de vernis serait sensible et le dessin n'aurait de régularité que sur l'espace compris sous chacune des protections partielles.

Les graveurs à l'eau-forte ont recours à cette méthode, qu'ils appliquent plus largement encore dans leurs travaux d'*aquatinte*, puisque chez eux le dessin n'est pas le résultat d'une action lumineuse, mais une création qui leur est propre, et comme ils ont le talent de produire, ils ont également celui de modifier à leur gré le rendement de la planche. Il n'est pas question pour eux de reproduire, mais de créer. Un graveur habile pourrait certainement, sinon en tout, du moins en partie, employer le moyen que nous discutons. Mais, dans cette exposition, nous admettons en principe (puisqu'il y a des exceptions à tout) que le graveur chimique ne sort pas d'un atelier de gravure artistique, pas plus que le photographe d'un atelier de peinture, et qu'il s'agit pour le plus grand nombre de reproduire couramment et sans de longues études spéciales tout ce qui se présente devant l'objectif.

Il ne s'en suit pas cependant que le photographe et le graveur chimique puissent, sans aptitude, sans capacité et sans goût, toucher à ces parties délicates. Il faut toujours beaucoup de talent pour bien faire. Il n'y a que la critique qui soit facile.

Sans s'extasier à l'excès devant les productions de tous genres qui datent de Daguerre, on voit à l'examen tout ce qu'il faut de capacité pour les mettre à jour.

Puisqu'il serait trop difficile, sans être graveur de profession, de mordre la gravure exécutée avec un seul report et qu'au contraire l'opération marche seule en suivant les règles qui nous indiquons, l'opérateur comprendra qu'il est de son intérêt de s'y conformer et d'arriver à produire, au lieu d'une épreuve plate et grise, un dessin corsé et tout à fait artistique.

Il ne le pourrait pas à coup sûr, en mordant un seul report renforcé quelquefois au rouleau, et les mécomptes de toutes sortes auxquels il s'exposerait en employant le petit vernis, le forceraient de renoncer aux travaux de gravure.

Dans les Chapitres suivants, nous exposerons une autre méthode qui se prête fort bien à la reproduction de ces épreuves légères qui tire sur le zinc, au rouleau, après une morsure unique et sans profondeur.

CHAPITRE XI.

Gravure de la teinte par l'albumine coagulée à la chaleur.

Pseudo-gravure. — On a lu dans l'Ouvrage cité précédemment [1] que la couche d'albumine insolée sur une planche de zinc prenait l'encre du rouleau et que cette méthode n'en avait pas de supérieure pour la reproduction du dessin au trait.

Comme il faut un cliché négatif pour former l'héliographie, c'est-à-dire la transmission par la lumière du dessin sur le zinc, et qu'on imprime sur une surface en épaisseur sur le métal, nous avons donné le nom de *pseudo-relief* à ce genre d'impression lithographique, et cette méthode peut être désignée par *pseudo-gravure,* quel que soit le dessin, direct ou inverse, qui reçoit l'encre.

On n'a peut-être pas apprécié toute l'importance du point de départ de cette théorie qui consiste à

[1] Geymet, *Traité pratique de Photogravure sur zinc et sur cuivre.* In-18 jésus, 1886 (Paris, Gauthier-Villars et fils).

former l'héliographie sur un zinc préalablement préparé et rendu lithographique, qui permet de renforcer avant tout passage aux bains acides qui affaiblissent ou qui détruisent le travail de la lumière, sauf avec la couche de bitume, qui est la partie embryonnaire, mais nécessaire dans toute gravure.

L'héliographie en albumine coagulée a de grands avantages sur le bitume, qui est lent et dont elle prend la place, et sur les reports de phototypie dont l'exposition peut être faite en un quart d'heure, mais qui supposent des travaux préalables faits de la veille, c'est-à-dire la préparation des planches de cuivre.

Albumine et gélatine. — Ici, au contraire, on a toujours en rayon les éléments nécessaires, puisque nous avons vu que l'albumine préparée depuis longtemps pouvait reprendre, nous ne dirons pas la sensibilité qu'elle ne perd pas, mais la propriété de redevenir soluble dans les parties soustraites au jour par l'addition de quelques gouttes d'eau saturée de bichromate d'ammoniaque. La solubilité de l'albumine après dessiccation est une qualité tout aussi précieuse que la sensibilité. Sans elles les procédés à l'abumine seraient inutiles.

La couche d'albumine, que nous n'avons étudiée jusqu'à présent que dans son application à la reproduction du trait, s'y prête mieux que le bitume et tout aussi bien que la gélatine en supprimant presque toute manipulation.

Si nous appelons l'attention de l'industrie sur l'emploi de ce produit, c'est qu'on peut en quelques minutes terminer une planche d'impression au trait ou en demi-teintes et livrer les travaux pressés le jour même.

Nous avons déjà fait connaître l'emploi de l'albumine dans l'impression du trait. Nous ne parlerons ici que de l'application de la méthode dans la gravure en creux et en relief de la teinte, et nos observations porteront exclusivement sur le pseudo-relief, c'est-à-dire sur l'impression lithographique sur zinc.

Le traitement que nous ferons subir à la couche diffèrera en plus d'un point, et pour cause, de celui que nous avons déjà fait connaître.

Il est admis, ou du moins nous avons entendu maintes fois répéter, dans les ateliers et ailleurs, que l'albumine, quoique excellente pour le trait, ne se prêtait pas à la demi-teinte.

On en a dit tout autant du bitume et avec plus de raison, et l'on sait maintenant, par l'expérience de tous les jours, que c'est le contraire qui est vrai.

L'expérience est sans contredit une preuve plus sérieuse que l'affirmation gratuite.

On a établi une différence qui n'existe pas entre la solubilité de l'albumine et de la gélatine, et l'on a prétendu que la gélatine exposée sous un négatif de demi-teintes était ensuite plus ou moins soluble dans l'eau chaude, en raison de l'oxydation de la couche; tandis que l'albumine, dans les mêmes conditions, s'insolubilisait sur toute l'étendue de la couche plus ou moins, les mêmes causes produisaient les mêmes effets, mais à un degré tel que toute application à la demi-teinte devenait illusoire.

Causes d'erreur. — Pourquoi? Sous le rapport de la solubilité et de la propriété inverse résultant de l'insolation, la gélatine a été étudiée à fond, grâce au tirage au charbon qui était dans la main de tous les photographes, mais qui perd de son importance, au grand regret de M. Léon Vidal, qui l'a si bien décrit, depuis que ce procédé a donné, dans sa dernière évolution, naissance à la Phototypie.

L'albumine, au contraire, est restée de tout temps au second plan dans ses rapports avec le sujet que nous traitons.

Les photographes ne l'ont étudiée qu'au point de vue du négatif avant l'apparition du collodion et ensuite, mais tout à fait superficiellement, dans le tirage des épreuves positives. Nous pouvons passer sous silence l'emploi de l'albumine comme sous-couche sur glace et sur verre.

En dehors de l'atelier du photographe, l'albumine

est donc restée dans la main des graveurs qui ne traitaient que les dessins linéaires, les méthodes plus récentes faisant défaut ou n'étant qu'à l'état rudimentaire.

C'est à ces causes qu'il convient d'attribuer les préjugés relatifs à la solubilité de ce produit. Mais nous devons réagir, car il n'est pas exact que l'albumine dans le même dissolvant, mais dans des conditions dissemblables, se comporte autrement que la gélatine.

Les lithographes et les graveurs, enfermés dans le cercle exclusif de la reproduction des dessins de traits, ne pouvaient observer qu'un fait :

Sur un cliché négatif bien tranché, la couche d'albumine insolée se reportait sur la pierre ou sur le zinc, ou ne se détachait pas du papier si le temps de pose était trop long. Ils en concluaient sans défiance qu'en dehors d'un temps d'insolation exact, il n'y avait rien à tirer de l'albumine et qu'il n'y avait pas de degrés dans l'insolubilité de la couche comme dans l'épreuve en gélatine. Tout ou rien.

Ils retrouvaient le même fait et ils étaient induits dans la même erreur, en dehors du report, quand la couche oxydée était encrée directement sur pierre ou sur zinc.

Si l'encre s'attachait exclusivement sur le dessin, la pose était considérée comme exacte ; si l'encre prenait partout, la couche était considérée comme influencée au même degré, sous les blancs et sous les noirs du négatif.

Ils ne remarquaient pas que le noir d'impression, les traits à part, se portait plus ou moins et avec plus ou moins d'attache sur certaines parties du fond et que ces parties correspondaient exactement à celles du fond du négatif qui avaient plus de transparence, et que ces accidents sur la couche entière, qui se traduisaient sur la pierre par un voile gris que le rouleau ne pouvait emporter qu'en fatiguant la pierre ou le métal avec abondance d'eau, étaient une preuve palpable que l'albumine pouvait être insolubilisée à des degrés divers et qu'elle pouvait, par un traitement approprié, servir comme la gélatine à la reproduction de la teinte.

Mais les innovateurs, peu encouragés, étaient plus rares alors, et l'on était encore loin de penser que la Photographie pût étendre ses prétentions jusqu'à la gravure et à la lithographie.

Ce sont ces observations incomplètes et surtout le manque d'observateurs qui ont empêché de reconnaître la valeur réelle de la couche d'albumine.

On n'aime pas d'ailleurs revenir en arrière pour reprendre en sous-œuvre des procédés vieillis et infructueux qui n'avaient que le tort d'être aux prises avec l'inexpérience.

L'exagération du temps de pose était pour beaucoup dans cette erreur.

On ne se doutait pas d'autre part que les deux substances congénères sensibilisées avec le même oxydant, le sel de chrome, réclamaient individuellement un temps de pose en rapport avec l'état particulier du dissolvant qui agit en sens contraire.

En effet, l'eau chaude, qui dissout la gélatine, insolubilise l'albumine dans les parties restées solubles après l'exposition.

On a plus de ressources pour dégager une héliographie en gélatine.

Si le temps de pose est trop court ou trop long, le défaut d'insolation peut être corrigé au développement, en se basant sur le principe que la gélatine ordinaire sans bichromate est soluble dans l'eau chauffée à 25°. On sait qu'avec un négatif régulier, les parties de la couche qui ont porté sur les points les plus obscurs et qui sont, par suite, à peine influencées par la lumière, céderont à l'eau élevée à 30° plus ou moins. Il ne reste plus qu'à connaître quel est le degré d'insolubilité des autres parties qui correspondaient dans l'insolation aux zones claires du négatif et à quelle température il convient d'élever l'eau rendue alcaline par quelques gouttes d'ammoniaque liquide pour qu'elle soit apte à dissoudre l'épreuve dans son entier, sauf les parties les plus frappées par la lumière, qui sont totalement insolubles à l'eau bouillante.

Il est évident que, dans cette application photographique, la pose ne doit pas excéder un temps d'insolation qui obligerait d'élever l'eau au-dessus de 100°. On le pourrait cependant, mais sans résultat pratique.

Comment déterminer le temps de pose sans photomètre? — Les photomètres règlent le temps de pose pour opérer sur la gélatine soluble à 100°. C'est pour cet usage qu'ils ont été construits.

On sait donc que telle coloration sur le papier sensible de l'instrument correspondant à la partie de la couche qui a été le moins touchée par la lumière indique par rapport inverse la solubilité de la gélatine insolée, entre 25° et 70° environ, et que les autres parties, plus vigoureusement atteintes, ne sont solubles que dans l'eau portée entre 25° et 100°.

On pourra donc assurer le résultat soit par l'insolation, soit encore par l'élévation de la température du dissolvant.

Le procédé au charbon a fait comprendre, avant que la gélatine ne fût employée comme élément de gravure, que cette matière pénétrable par l'eau froide, et par conséquent par les bains acides, ne l'était que proportionnellement à son état d'oxydation par la lumière, et que les faits qu'on observait dans le dépouillement de l'épreuve au charbon étaient tout aussi vrais dans d'autres applications où la dissolution de la couche n'était pas nécessaire.

Ces prévisions se sont réalisées d'abord dans l'impression sur gélatine, où la couche qui n'est soumise qu'à l'eau froide est pénétrée par l'eau plus ou moins, suivant l'intensité de l'insolation, et prend en conséquence l'encre en épaisseur suivant la quantité d'eau qu'elle peut absorber.

C'est la même propriété, l'insolubilité inégalement répartie, qui laisse arriver l'acide plus ou moins vite jusqu'au cuivre à travers la couche et qui permet, par une seule morsure, de graver la surface du métal à trois degrés de profondeur.

Pourquoi ces faits qui sont exacts pour la gélatine ne le seraient-ils pas pour l'albumine.

C'est la direction à donner au traitement de ce dernier produit qui amènera les mêmes résultats.

On aura sans doute moins de ressources dans le développement de l'épreuve de teinte, mais ces ressources seront plus que suffisantes pour produire sur zinc une héliographie bien autrement solide que le même dessin en gélatine, en dehors de l'eau chaude et sans passer par l'étuve qui entraîne des lenteurs.

La couverture, le développement et l'encrage de la planche, toutes les opérations, en un mot, seront terminées en moins d'un quart d'heure.

Il n'est pas surprenant qu'à la suite de pareils préjugés, l'emploi de l'albumine ne se soit pas généralisé. Il faut quelqu'un pour attacher le grelot, et sans Galilée la Terre ne tournerait pas. On le croirait du moins.

Beaucoup avant nous ont fait ces mêmes observations. Mais les industriels qui exploitent des procédés qui leur donnent une supériorité sur leurs concurrents ne sont pas obligés de raconter ce qu'ils font et comment ils procèdent.

Si l'on n'a ni le secours de l'eau chaude ni la ressource du photomètre, faute d'élément, nous ne dirons pas plus sensible que l'albumine et d'inspection commode, il ne manque pas cependant de moyens pour régler l'exactitude du temps de pose.

Par trois expériences faites, la première au soleil, la deuxième à l'ombre et la troisième en demi-lumière, l'opérateur déterminera le temps de pose vrai pour tous les temps.

Il verra, et nous l'avons déjà dit, que l'albumine est coagulée en une ou deux secondes en plein soleil.

La première seconde ne donne pas assez de fermeté à l'albumine pour certaines applications.

Si l'exposition se fait à l'ombre par un jour clair, la couche sans écran est insolubilisée en deux minutes.

La pose exagérée dans les conditions les plus mauvaises de lumière ne doit pas dépasser vingt-cinq minutes.

Ce n'est pas un écart de temps d'un cinquième en plus ou en moins, relatif aux conditions d'exposition qui peut influer sensiblement sur le résultat.

La pose de deux secondes au soleil et de deux minutes à l'ombre peut donc être considérée comme la normale dans l'insolation des dessins au trait.

Or, comme l'insolation ne doit pas se prolonger au delà de vingt-cinq minutes dans aucun cas, quand la lumière paraît suffisante pour les travaux photographiques, vingt-cinq minutes préciseront la durée du temps de l'insolation qui convient aux négatifs ou aux positifs de demi-teintes.

Les demi-teintes, en effet, qui ne diffèrent pas d'un écran à cellules graduées, s'opposant plus ou moins au passage de la lumière, placent le cliché de demi-teintes dans les conditions du cliché de trait ou de la couche d'albumine exposée librement au jour, dont la pose peut varier entre deux et vingt-cinq minutes à l'ombre pour atteindre l'insolubilisation de la couche.

Les premières vingt-cinq minutes d'exposition pourront être considérées dans les jours sans lumière comme le point de départ de l'insolation, et le temps de pose ne sera compté qu'après ce commencement d'insolubilisation.

En se conformant à ces données générales,

l'épreuve ne sera jamais compromise au développement.

On sait qu'à la lumière électrique, les chiffres donnés doivent être multipliés par 25.

Le dépouillement de l'héliographie d'albumine se fait à l'eau froide pour les raisons qu'on a vues plus haut.

On ne peut pas suivre la transformation de l'épreuve dans l'eau.

Épreuve latente. — L'image est latente.

Cette circonstance, qui troublerait l'opérateur dans le dépouillement d'une épreuve au charbon, n'a pas le même inconvénient quand il s'agit de l'albumine.

On sait que l'action progressive de l'eau chaude dans la formation de l'épreuve en gélatine réclame une surveillance active, surtout quand on ne dispose que d'appareils appropriés où l'eau conserve le même degré de chaleur pendant toute la durée de l'opération, et il n'est pas douteux qu'on n'aurait pas recours à ces moyens s'ils n'étaient pas la base de la production. A la cuvette, il faut donc surveiller l'épreuve en gélatine et ne pas la quitter, car l'eau chaude peut emporter des demi-teintes qu'il importe de conserver.

Les accidents de cette nature ne sont pas à craindre dans le développement d'une héliographie formée d'albumine. Il n'y a donc pas à se préoccuper si l'épreuve reste invisible pendant son séjour et sa formation dans l'eau fraîche.

Il n'y a que deux alternatives :

Ou l'insolation sera suffisante, ou la pose sera trop courte.

Dans le premier cas, l'eau froide à la température moyenne de l'intérieur de l'atelier dissoudra l'albumine proportionnellement à l'insolubilisation des différentes sections de la couche, et nous savons qu'après trois minutes de contact avec l'eau, toute l'albumine soluble sera enlevée. Il ne restera sur le zinc que les parties constituantes de l'épreuve. Ce fait sera constaté à l'encrage par la belle apparence de l'épreuve.

Si la pose est trop courte, l'encrage sera défectueux et l'opération sera à recommencer. Mais cet insuccès commun à tous les procédés ne diminue en rien la valeur et l'importance de la couche d'albumine.

Nous avons dit qu'on ne pouvait juger de la valeur de l'épreuve que par l'encrage du zinc. Nous ajouterons cependant que le dessin est sensible sur le zinc quand la feuille est sèche.

Opération.

L'albumine filtrée à trois reprises est versée sur la feuille de zinc.

Elle ne coule pas avec la facilité du collodion,

qui peut s'étendre, sans perte, en nappe informe.

Préparation des surfaces. — Si l'on couvre des zincs ne dépassant pas 24 × 30, on tient les feuilles à la main et l'on verse dans le haut une quantité de liquide suffisante pour recouvrir la feuille entière. L'albumine dirigée avec le doigt ou avec un triangle en papier fort et bien collé, est ramenée vers le bas de la feuille de zinc. L'excédent ne doit pas être repris dans le même flacon.

Cette opération peut se faire en demi-lumière. On veille à ne pas laisser de places découvertes, ce qui arrive souvent avec l'albumine.

La couche doit être séchée dans l'obscurité ou à la lumière jaune voilée.

La tournette n'est pas nécessaire, puisque nos opérations ne porteront que sur des zincs ne dépassant pas 24 × 30.

En été, l'albuminage des zincs se fait à la température du cabinet noir, mais l'hiver ou dans les jours humides, il est indispensable de chauffer au moins à 25° pour activer la dessiccation de l'albumine qui ne peut pas être placée dans une étuve pour y sécher.

Suppression de l'étuve. — L'emploi d'une étuve annulerait dès le début toute chance de résultat. La couche serait coagulée avant l'exposition à la lumière.

La feuille de zinc ne peut pas non plus être abandonnée à elle-même.

Ventilation. — Si l'on veut éviter les cristallisations qui seraient inévitables, il faut, à l'aide d'un carton, ventiler la couche en enlevant quelquefois l'épaisseur de l'albumine qui se forme dans le bas du zinc et agiter le carton sans temps d'arrêt, aussi longtemps que le zinc garde quelque trace d'humidité apparente. Il convient même, quand il paraît sec, de continuer la projection de l'air sur la couche pendant quelques minutes, pour être bien sûr que la plaque ne s'attachera pas au cliché.

On peut tirer les épreuves sur zinc avec ou sans gravure. Nous disons sans gravure, si le zinc ne doit passer que par le bain de préparation.

Les manipulations ne sont pas tout à fait les mêmes dans l'un et dans l'autre cas, et la surface du zinc ne doit pas être identique.

PREMIER CAS.

Si le zinc est destiné à être tiré au rouleau sans morsure, et nous serons alors dans le cas du pseudo-relief, la surface du métal aura un grain moins serré, tel qu'il est produit sous la molette par un sable de grosseur moyenne correspondant au n° 100 du tamis [1].

[1] GEYMET, *Traité pratique de Gravure et d'impression sur zinc par les procédés héliographiques*. 2 vol. in-18 jésus; 1887 (Paris, Gauthier-Villars et fils).

C'est sur ce zinc qu'on étendra la couche d'albumine, en se conformant pour la durée de l'exposition à ce qui a été dit précédemment. Avec cette méthode, le nickelage du zinc serait un contresens, puisqu'on ne peut imprimer que sur une couche préparée et que le bain de préparation qui doit seul intervenir, puisqu'il n'y a pas de morsure, ne met pas le dessin en relief et qu'il faut du reste absolument que le métal, dans tout ce qui n'est pas épreuve, puisse repousser l'encre du rouleau.

Dépouillement de l'épreuve.

L'épreuve, avons-nous dit dans la comparaison que nous avons faite des deux couches albumine et gélatine, est développée à l'eau froide.

Cette opération s'exécute à la lumière jaune dans le laboratoire.

Le zinc est jeté dans une cuvette pleine d'eau aux deux tiers, où il reste pendant trois minutes. Le dépouillement se fait très bien à l'eau courante, et l'on n'a pas besoin de s'en occuper. Sous la nappe dormante, il est utile d'agiter continuellement la bassine et de changer l'eau deux ou trois fois pendant les trois minutes que dure le développement.

Il ne faut pas chercher à voir l'épreuve, nous avons dit qu'elle était latente.

Le zinc est ensuite rincé à grande eau en dessus et en dessous sous le robinet, et il est mis à égoutter, appuyé par un angle, sur une feuille double de papier buvard.

Suppression du bain d'alcool. — Il ne faut pas le passer dans un bain d'alcool, ni dans un bain d'alun, comme on le fait pour d'autres applications. L'alcool et l'alun enlèvent de l'énergie à la préparation.

On reprend le zinc après quelques minutes de repos et on le sèche vigoureusement sur un fourneau à pétrole ou sur la flamme d'une lampe à alcool à large mèche.

On remarquera que ce passage à la chaleur n'a pas seulement pour but de sécher le zinc, mais encore d'insolubiliser l'héliographie d'albumine qu'il porte.

La couche qui forme l'image est sans doute insoluble, puisqu'elle a résisté même à la pression exercée par l'eau sous le robinet. Mais comme on l'a vu, et c'est pour qu'on se rende compte de ces réactions que nous insistons quelquefois, il y a différents degrés d'insolubilité.

A ce moment, il n'y a plus rien à craindre pour l'épreuve qui a été dépouillée de son albumine soluble. Il s'agit d'abord de rendre ce qui reste complètement insoluble. Il faut donc que la température du zinc soit portée au moins à 100° et qu'elle les dépasse. Ce point où l'albumine n'est pas altérée par le feu est atteint quand la main ne peut plus supporter le contact du métal.

L'insolubilité à l'eau froide sera dès lors complète, mais la couche restera cependant pénétrable à l'eau et elle pourra prendre, comme la gélatine, le noir sous différentes épaisseurs. Ce sont les faits qui prouvent cette aptitude. Il serait difficile d'en donner l'explication par l'analyse.

Coagulation par la chaleur. — Ce chauffage a d'autre part un avantage. Il complète la combinaison qui se fait entre le zinc et l'oxyde de chrome réduit par la lumière. A partir de ce moment, le dessin en albumine ne doit plus être considéré comme une applique. Il est incorporé dans le zinc.

Nous avons expliqué ce fait dans un autre Volume. Il suffira de dire ici que chacun peut le constater en ponçant un zinc qui en est à cette phase dans le travail. Il faut user le métal en profondeur pour enlever l'épreuve.

Encrage. — Deux méthodes.

On peut suivre deux méthodes pour encrer la planche.

Dans la première, le développement est supprimé, ou du moins retardé.

Après l'insolation et sans autres mesures, on

fait tableau noir sur le zinc avec un rouleau en gélatine ou en caoutchouc. Ce dernier est moins sujet à se mouiller.

Encrage au rouleau. — C'est dans le cabinet noir que l'encrage doit se faire, mais il faut très peu d'épaisseur d'encre, et par conséquent se servir d'un rouleau peu chargé. On ne saurait trop ménager le noir. La surface de l'épreuve, jusque là invisible, est mouillée légèrement, à peine, à l'éponge essorée, et l'on continue l'encrage sans reprendre du noir. L'effet contraire se produit alors. Le rouleau décharge le zinc au lieu de le couvrir. l'épreuve se dépouille peu à peu en rendant à l'outil l'encre qui s'était étalée sur les parties solubles de l'épreuve où elle n'a pas d'adhérence. Le noir reste au contraire sur les demi-teintes et sur les grandes ombres. On arrête le travail du rouleau quand l'épreuve se montre dans toute sa pureté. Le zinc est alors immédiatement gommé, puis séché. Après un quart d'heure, on encre une première fois l'épreuve avec beaucoup d'attention et sans trop fatiguer le dessin.

Deuxième préparation. — Il est bon de faire passer une seconde fois la feuille par le bain de préparation, où elle séjourne pendant deux ou trois minutes. On gomme une seconde fois, et après un repos d'un quart d'heure, on procède au tirage.

La deuxième méthode d'encrage sera expliquée dans le paragraphe suivant.

SECOND CAS.

Avec gravure, le traitement du zinc se fond en majeure partie avec ce qui précède.

Grain spécial. — Nous avons déjà fait observer que la surface du métal devait être dans des conditions spéciales. Le zinc ne doit être ni grainé ni poli. Sa surface doit être mixte. On l'amène à ce point en dépolissant la surface brillante par friction et sans écrasement.

Le métal est couvert de sable fin et de ponce en poudre mélangés, et l'on promène circulairement et avec effort un carré de caoutchouc vulcanisé qui enlève en peu d'instants l'excès de brillant sans ramener la couleur grise qui est la teinte du zinc grainé. Le métal offre alors un aspect assez semblable à ce qu'on appelle le mat dans l'argenture.

On peut établir une comparaison que les photographes saisiront sans autre explication. La différence qui existe entre le verre dépoli et le verre douci, qui dans les deux cas a perdu le brillant, est cette même différence qui fait distinguer le zinc grainé du zinc mixte.

La feuille de zinc est couverte et séchée dans les conditions développées précédemment. Mais l'encrage suit le dépouillement de l'épreuve dans l'eau et l'on ne fait pas tableau noir. On sèche la plaque au feu comme nous l'avons indiqué. — Les deux méthodes supposent que le zinc, avant de recevoir l'albumine, a passé par le bain de préparation.

Combinaison de la couche avec le métal. — Un report d'encre manquerait de solidité sur la surface du zinc dénaturé. Le report serait emporté par le rouleau. La couche d'albumine qui n'est pas un corps gras n'y court aucun risque, puisque nous avons vu qu'elle se combinait avec le métal. Elle sert de point d'attache entre l'encre et le métal qu'elle amalgame l'un à l'autre, jouant en quelque sorte le rôle du blanchîment au mercure dans l'argenture du cuivre.

Préparation transitoire du zinc. —La préparation du zinc, quoique nécessaire dans cette seconde méthode, n'est utile qu'accidentellement. Elle n'intervient que pour rendre le premier encrage possible. Elle reste sans effet après la morsure. Il n'y a plus à s'en préoccuper, tandis que dans le tirage sans gravure cet état du zinc subsiste pendant toute la durée du tirage.

Nous reprenons l'épreuve après la consolidation de la couche par le chauffage et nous encrons la planche au rouleau. L'épreuve dans ce cas et avant toute application d'encre se détache sensiblement en jaune brun sur le zinc mixte.

On mouille le moins possible avec une éponge essorée vigoureusement après qu'elle a été trempée dans l'eau additionnée de quelques gouttes de glycérine et d'acide phosphorique pour maintenir le zinc humide le plus longtemps que faire se peut. On encre le dessin avec un rouleau en cuir ou en caoutchouc, d'une grande propreté et sans épaisseur appréciable d'encre. Le noir doit être préparé très dur avec de l'encre de report. L'encrage se fera d'autant mieux que l'encre sera plus rare sur le rouleau. On perdra l'héliographie si l'on n'a pas une grande légèreté de main. C'est pour cette raison que nous avons indiqué l'encrage à tableau noir, dont on peut se servir ici. Mais quelle que soit la méthode suivie, il faut être sur ses gardes et, dans les deux cas, user de l'eau et de l'encre avec parcimonie.

Difficulté du premier encrage. — Il ne faut pas s'étonner, quand on travaille sur zinc, du peu d'aptitude que l'épreuve paraît avoir pour l'encre, que l'épreuve soit en encre de report ou en albumine.

En dehors même des applications héliographiques, l'épreuve sur zinc se montre toujours rebelle. Elle ne se décide à monter, c'est-à-dire à prendre le noir du rouleau qu'à la suite de l'acharnement de l'imprimeur. Il faut presque toujours dix minutes de fatigue pour charger l'épreuve d'une couche d'encre suffisante pour le tirage. Puisque l'on est prévenu, il n'y aura pas de surprise.

C'est ce premier travail qui coûte, l'impression est ensuite courante.

Nous avons vu dans le *Traité d'impression sur zinc* [1] qu'on pouvait tirer des épreuves de trait à l'aide d'une gravure à peine sensible et que le creux seul dépréparé par l'acide prenait l'encre qui ne s'attachait pas sur la surface neutralisée par la noix de galle et l'acide phosphorique. La noix de galle doit être supprimée du bain de préparation avec l'emploi des couches d'albumine.

La formule du bain sera modifiée comme il suit.

Encrage à l'éponge.

Le report d'encre et l'héliographie en albumine qui ne montent pas sous le rouleau pourront être encrés à l'éponge. Le dessin qui résiste à l'encrage ordinaire monte en quelques secondes. Ce moyen est fort commode avec l'épreuve en albumine, qui reste quelquefois stationnaire et qui garde obstinément la teinte grise.

On étend fort peu d'encre de report sur la table à encrer. Le noir est aminci par quelques gouttes d'essence de térébenthine, sans la rendre trop fluide.

[1] Paris, Gauthier-Villars et fils.

L'éponge, très fine et minuscule qui doit encrer, est trempée dans le noir, qui la pénètre dans tous les sens sous la pression des doigts.

On étend un peu de gomme sur la plaque de zinc et l'on passe l'éponge. On revient quatre ou cinq fois à la charge en alternant, c'est-à-dire en passant par friction, tantôt la gomme, tantôt le noir jusqu'au moment où l'encrage paraît bon.

On peut renforcer le report phototypique sans l'aide du rouleau, mais l'héliographie en albumine réclame quelques coups de rouleau qui forcent par pression l'encre à s'attacher à l'albumine.

L'emploi du rouleau est supprimé dès que le dessin a pris l'encre et que la couleur noire s'accentue sur le dessin; s'il refuse de monter, c'est à l'éponge qu'on le forcera à prendre une couche de noir convenable.

Dépréparation du zinc. — Voiles. — Taches. Encadrements.

Il arrive souvent, quand les produits employés ne sont pas de bonne provenance, que le dessin se voile sur un point ou sur un autre. L'encre du rouleau s'attache non seulement sur le dessin, mais sur le fond du zinc. Le tirage ne peut pas être continué dans ces conditions.

Aussitôt qu'on s'aperçoit que la feuille de zinc a

une tendance à prendre l'encre partout, on doit encrer vigoureusement l'épreuve et la talquer ensuite. On remplacera, dans ce cas, l'encre de report par l'encre lithographique ordinaire, et on laissera sécher l'encre avant de la saupoudrer de talc.

On passera ensuite sur la planche la solution dont la formule suit, avec un morceau de flanelle.

Le chiffon est passé légèrement. Le liquide doit agir plus ou moins longtemps sur l'épreuve, suivant la force du voile.

FORMULE.

Eau ordinaire	100cc
Acide acétique cristallisable. . . .	10

Ce bain agit en sens inverse de la préparation et enlève au zinc la propriété lithographique, mais il n'a pas d'action sur l'épreuve qui est vigoureusement encrée. Il n'influence que le fond, où il dissout l'encre qui produisait le voile.

Le zinc, après ce traitement, doit forcément passer par le bain d'acide gallique après un lavage préalable à l'eau. On lave une seconde fois, puis on gomme et on laisse reposer cinq ou six minutes. Le tirage peut être repris quand la gomme sèche a été enlevée à l'éponge et le voile ne reparaît pas.

Beaucoup d'imprimeurs modifient la formule du bain de préparation et suppriment la noix de galle.

Plusieurs praticiens préfèrent même celle qui suit :

FORMULE.

Décoction de noix de galle	500cc
Acide acétique	4
Acide azotique. . . . . 4 ou	5 gouttes.

Ce dernier bain donne de bons résultats et vaut celui que nous avons donné au début du Livre.

Il y aura avantage à ne pas précipiter les opérations et, dans tous les cas sans exception, il est utile qu'après la préparation le zinc reste au moins une demi-heure sans gomme.

C'est avec le mélange d'acide acétique et d'eau, dans les proportions indiquées plus haut, qu'on enlève les taches qui se produisent sur les marges par le contact des doigts, ou sur le dessin par défaut de propreté.

On efface à l'essence la tache et même une partie du dessin, s'il y avait lieu à suppression, avec un bout de bois humecté avec le produit, et l'on frictionne la place avec l'acide acétique dilué.

A défaut d'acide, la solution suivante produirait le même effet :

Eau ordinaire	100cc
Carbonate de soude	100gr

On reforme le grain en frictionnant le zinc avec un peu de pierre ponce en poudre. La pointe d'une estompe en peau est commode quand la correction porte sur le dessin. Sur les marges, on pourra se servir de feutre ou de cuir formé en tampon.

On passe le talc, s'il y a correction, pour renforcer; s'il est question de tache, le talc est inutile. Mais, dans les deux cas, on prépare, on lave et l'on gomme. Le tirage est repris quand la gomme a séché sur le zinc.

On peut border un dessin qui serait sans encadrement.

Cette opération doit se faire quand, après le report et le gommage, le zinc est séché près du feu ou autrement.

Les lignes qui serviront de bordure au dessin seront tracées au diamant ou à la pointe sèche. On les dispose à prendre l'encre en passant un peu d'huile, dans laquelle on a fait dissoudre quelques parcelles de savon de fer. L'huile suffirait au besoin.

On fait ensuite tableau noir sur le zinc avec le rouleau. On projette après quelques gouttes d'eau sur la planche. On essuie au chiffon pour enlever l'excès d'encre. On gomme après et on laisse sécher.

On procède de même pour tracer les lignes grises. Mais il faut à peine effleurer le zinc avec la pointe.

FORMULE.

Eau ordinaire.	1[lit]
Gomme arabique	20[gr]
Acide phosphorique.	10

L'acide phosphorique n'est introduit dans le bain qu'après la dissolution de la gomme.

Ce premier encrage sera modéré et sans surcharge. Le dessin doit se montrer avec toute l'élégance qu'il aura sur le papier. On gomme alors et l'on reprend l'épreuve un quart d'heure après. On rafraîchit l'encre par un coup de rouleau ; après avoir enlevé la gomme avec l'éponge humide, on passe à la morsure.

Mordant approprié. — Dans la gravure où le métal a pour réserve une couche d'albumine ou de gélatine, tout mordant ne peut pas être employé. Il faut choisir un acide qui puisse se combiner avec le métal mais qui ait le moins d'action possible sur la réserve qui est de nature organique.

L'acide chlorhydrique, qui attaque l'albumine et la gélatine, ne saurait par conséquent être employé. On ne peut utiliser pour ce genre de gravure que le perchlorure de fer et l'acide phosphorique.

Nous n'avons rien à dire sur le perchlorure de fer dont la nature et les propriétés nous sont déjà connues. Mais quelques mots sur l'acide phosphorique seront à leur place. Il est utile que l'opérateur connaisse les produits qu'il emploie, comme hygiène d'abord, et qu'il sache ensuite le parti qu'il peut en tirer.

Acide phosphorique.

L'acide phosphorique est blanc, visqueux. Il se mélange en toute proportion avec l'eau. La manipulation de ce produit, même concentré, n'est pas dangereuse.

Il ne décompose pas la matière organique comme l'acide sulfurique et l'acide fluorhydrique. Une goutte de cet acide sur la main ne soulève pas d'ampoules.

Il est maniable à l'état de concentration.

On peut même sans crainte de brûlure déplacer un cristal d'acide métaphosphorique avec les doigts.

Les manipulations de ce produit peuvent donc être faites sans appréhension. Il n'a pas d'odeur et il ne laisse pas supposer la présence du phosphore.

Comme l'acide sulfurique, l'acide phosphorique est très-avide d'eau. Il déplace ce dernier dans sa combinaison avec les bases. On l'emploie dans les laboratoires pour déshydrater certaines substances, mais il n'agit pas sur les corps organiques avec l'énergie de l'acide sulfurique, qui carbonise la matière animale et végétale en s'assimilant en totalité l'eau de composition. L'acide phosphorique déshydrate sans détruire. C'est cette propriété qui en fait un puissant auxiliaire dans la gravure à l'albumine. Il mord le zinc sans attaquer l'héliographie. Il concourt avec le tannin, qui est la base de la noix de galle, à la solidité de l'épreuve pendant la morsure.

Le graveur chimique ne doit pas ignorer ces notions de Chimie élémentaire, qui indiquent la direction à suivre et qui le tiennent éloigné de ces essais faits au hasard qui ne réussissent jamais.

Il doit savoir que la noix de galle ne diffère pas du tannin et que l'acide gallique ne préexiste pas dans la baie ou dans l'écorce du chêne, mais qu'il se forme dans la solution de tannin de la noix de galle par l'exposition du bain à l'air, ou pour mieux préciser, par l'altération du tannin en présence de l'oxygène de l'atmosphère.

Le tannin et la noix de galle sont deux matières astringentes, qui ne diffèrent pas et qui ont la propriété de précipiter et de coaguler l'albumine. Ce sont ces raisons qui en déterminent l'emploi dans la méthode de gravure que nous exposons.

L'acide phosphorique est la combinaison du phosphore avec l'oxygène. Mais cet acide varie dans sa composition chimique, suivant la quantité plus ou moins grande d'eau qui entre dans la combinaison du métalloïde déjà combiné avec l'oxygène.

On prépare l'acide phosphorique en oxydant le phosphore par l'acide azotique. On peut l'obtenir anhydre.

Nous devons nous borner et rester dans les limites de notre travail. Nous n'avons pas à faire l'étude du produit, mais à en indiquer sommairement les propriétés qui ont du rapport avec notre sujet et qu'il importe de connaître.

L'acide phosphorique anhydre est un produit de laboratoire sans utilité pour nous.

L'acide hydraté porte trois désignations, dans l'industrie. Les voici :

Acide métaphosphorique,

Acide pyrophosphorique,

Acide phosphorique (ordinaire).

Les deux derniers ne précipitent pas l'albumine. Les deux premiers cristallisent comme l'acide acétique.

Dans la morsure du zinc, en dehors de l'albumine, c'est l'acide azotique, beaucoup moins coûteux, qui est de préférence employé dans l'atelier.

L'acide phosphorique ordinaire fait partie du bain de préparation. C'est l'acide sirupeux à 45°, qui doit être mêlé à l'eau de gomme à la dose de 1 pour 100.

Dans ces proportions, il n'attaque pas sensiblement le zinc, il agit cependant sur le métal, puisqu'il en modifie la surface. C'est probablement la quantité infinitésimale de cet acide qui reste dans les pores du zinc soit libre, soit en voie de combinaison avec le métal qui maintient la surface du zinc assez humide pour qu'elle s'oppose à l'adhérence du corps gras. Nous avons vu en effet que cet acide était très-avide d'eau.

L'acide pyrophosphorique et l'acide phosphorique ordinaire se comportent bien dans la morsure.

L'acide métaphosphorique est cependant préférable par suite de la propriété dont nous avons parlé. Mais le bain de morsure est plus long à préparer.

Quel que soit l'acide choisi, on suivra la formule suivante :

FORMULE.

Eau ordinaire	100cc
Acide phosphorique	15

Les planches en pseudo-relief et en pseudo-creux sont mordues à la cuvette. La profondeur des tailles ne peut pas être bien grande dans les deux cas, puisque les intervalles qui séparent les grains factices ne sont en quelque sorte visibles qu'à la loupe.

Ces deux genres n'ont rien de commun avec la gravure en creux, puisque l'encrage, qui ne peut être fait qu'au rouleau, suppose une surface de zinc préparée et repoussant l'encre, sauf sur les parties où la morsure a enlevé au métal la propriété lithographique.

Après le premier encrage qui n'a rien de particulier dans le relief, le tirage peut être fait après cinq ou six minutes de morsure. Le peu de creux des parties en contre-bas, qui retiennent l'eau de l'éponge, puisque le tirage ne se fait pas à sec, quoiqu'il soit possible avec un peu d'adresse et d'exercice, les creux minuscules, disons-nous, repoussent l'encre d'abord parce qu'ils sont humides et ensuite par l'effet produit par une deuxième préparation qu'il faut faire subir au zinc après la morsure.

Nous avons dit, en effet, que la préparation sur zinc pour l'épreuve gravée, n'était qu'un état transitoire pour faciliter le premier encrage, et que cet état du zinc ne subsistait plus après la morsure.

Le bain de préparation produit un effet inverse.

Il faut, pour encrer au rouleau, que l'encre s'attache précisément dans les parties qui devaient la repousser.

En effet, pour exécuter le premier encrage en relief, l'encre ne devait prendre que sur les parties non préparées du zinc, et quoique la préparation ait porté sur toute la surface, nous devons considérer comme dépréparées les parties du métal recouvertes par l'albumine qui forme l'épreuve et qui retient l'encre. Le reste de la surface, c'est-à-dire le fond du dessin qui devait repousser l'encre, et qui de fait l'a repoussé à l'encrage, doit conserver le même état; mais, puisque ce fond a été gravé, la propriété lithographique a disparu. Une seconde préparation devient donc nécessaire.

Il est vrai de dire cependant que la morsure à

l'acide phosphorique, suivie d'une application de gomme qu'on laisse sécher, peut en quelque sorte remplacer cette seconde préparation, mais pour éviter que le zinc ne se voile dans ce tirage délicat, il est fort utile de préparer cette fois le zinc avec le bain ordinaire composé de gomme, de noix de galle et d'acide phosphorique, dont la formule a été donnée au commencement du Livre et qui est beaucoup plus énergique que le bain composé en vue de la couche d'albumine.

Cette fois, nous n'avons plus à nous méfier de l'influence exercée sur l'albumine soluble et sensible par la noix de galle, puisque l'albumine est insolubilisée et que nous n'avons plus à tenir compte de la sensibilité du produit.

Gravure en pseudo-creux.

Si nous imprimons sur une héliogravure résultant d'un cliché positif, l'impression se faisant au rouleau, on prendra certaines mesures pour faciliter la prise de l'encre dans les creux, car, dans ce cas, c'est le creux qui donne le vrai dessin.

Savon de fer. — Il sera prudent, après les dix minutes de morsure, si l'on grave à l'acide phosphorique, de passer la planche pendant une minute et moins, dans le bain de perchlorure de fer, qui laisse dans les creux un oxyde qui suffirait à lui seul pour « dépréparer » le zinc. On efface ensuite l'épreuve en noir à la benzine, mais on mêle à ce dissolvant du corps gras un peu de savon de fer. Il en restera toujours assez dans les tailles pour y faciliter l'adhérence de l'encre, quand le corps gras du savon sera mis en liberté par le passage à l'éponge d'une eau faiblement acidulée. On essore l'éponge qui doit glisser sur le zinc pour en humecter la surface, sans la mouiller, pour ainsi dire.

On enlève enfin la couche d'albumine qui est restée sur le zinc, à l'aide d'un charbon doux.

Cette dernière opération est délicate. La planche doit porter sur une glace où la feuille de métal trouve un aplomb parfait. Il s'agit alors d'entamer le zinc en surface sans toucher au fond. On est plus sûr du résultat en supprimant la benzine et en faisant tableau noir sur le zinc après la morsure.

L'encre qui reste dans les tailles guide l'opérateur qui voit le dessin se développer sous le cylindre de charbon.

La surface du zinc se trouve encore dépréparée, on lui rend la propriété lithographique par le bain d'usage.

Cette dernière méthode présente dans l'exécution beaucoup plus de difficultés que le pseudo-relief, surtout dans la reproduction de la demi-teinte.

Elle est, par contre, très facile dans le trait par le procédé de la double couche d'albumine et de bitume.

On se conformera pour le grain à ce qui a été dit dans un Chapitre précédent, et l'on n'oubliera pas que l'impression sur zinc se fait sur papier humide. Le papier couché s'imprime à sec.

Les planches en creux et en relief peu gravées s'impriment sur la presse lithographique.

C'est la presse en taille-douce qui sert dans l'impression de la planche en creux à gravure profonde.

Ce mode de reproduction est tout différent. Nous n'en dirons que quelques mots ici. On trouvera le complément dans un Traité [1] dont la première édition remonte déjà loin, mais qui a reçu de nombreuses modifications dans la réimpression.

[1] GEYMET, *Traité pratique de gravure héliographique et de galvanoplastie*. 3e édition. In-18 jésus; 1886 (Paris, Gauthier-Villars et fils).

CHAPITRE XII.

Impression en taille-douce.

Pour tirer en taille-douce, il faut se munir de trois espèces de chiffons.

Des chiffons en coton, de la mousseline fine et de la serpilière, qui est quelquefois remplacée par la mousseline à doublures et à larges mailles.

Gril. — La planche à encrer, bien nettoyée, est placée sur un gril spécial qu'un fourneau à pétrole recouvert d'une feuille de tôle laminée peut remplacer. La chaleur n'intervient que pour donner plus de fluidité à l'encre qui est dure. Le gril est maintenu à un degré de chaleur peu élevé. On place à côté la boîte d'essuie, qui n'est autre qu'un support où la planche est posée en quittant le gril.

Tampon. — Le principal accessoire est le tampon qu'on trouve dans les maisons spéciales.

On peut le fabriquer soi-même pour les essais, en roulant sur elle-même une bande de toile de coton souple de 0^m,20 de longueur, qu'on serre vigoureusement pour en former un cylindre. Le dernier tour est cousu.

On en détache au rasoir 0^m,02 ou 0^m,03 en opérant une section franche et sans bavure. Ce côté est flambé pour enlever les parties plucheuses, puis recouvert d'une mousseline fine doublée sur elle-même.

C'est la partie qui prend l'encre qu'on étale sur la planche. Le côté encré du tampon ne doit jamais sécher.

Dans les essais où le travail n'est pas suivi, le calcographe improvisé est obligé d'enlever 0^m,01 au tampon pour en rafraîchir le bout et d'y adapter la mousseline doublée.

Encre. — L'encre est forcée de pénétrer dans les creux sous la pression de l'outil.

On enlève l'excès avec un premier chiffon en mousseline pour dégager les marges, puis avec la serpilière humectée la veille avec un peu d'eau seconde faible, préparée à la potasse et à la chaux.

On passe ensuite un chiffon moins gras en projetant quelques gouttes d'eau seconde sur la planche.

Les dernières traces de noir sont enlevées à la main posée à plat sur la planche, mais passée avant sur un pain de blanc d'Espagne.

Un dernier coup d'essuie est donné avec une mousseline souple chargée d'un peu de blanc.

Tirage. — Le tirage exige un papier humide. Les épreuves d'essais peuvent être tirées à la rigueur sous une presse quelconque à cylindre. Mais il est préférable sous tous les rapports de confier le travail à un spécialiste.

FIN.

TABLE DES MATIÈRES

CHAPITRE V.

CHAPITRE VI.

CHAPITRE VII.

CHAPITRE VIII.

CHAPITRE IX.

CHAPITRE X.

CHAPITRE XI.

CHAPITRE XII.

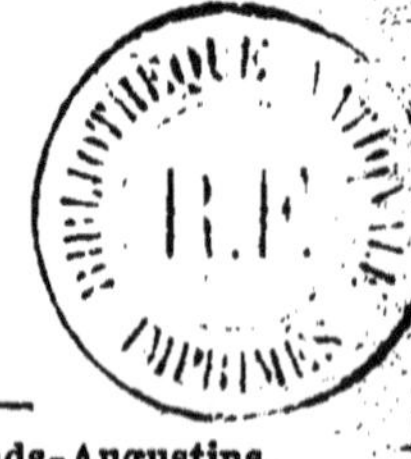

FIN DE LA TABLE DES MATIÈRES.

Paris. — Imp. Gauthier-Villars et Fils, 55, quai des Grands-Augustins.

www.ingramcontent.com/pod-product-compliance
Ingram Content Group UK Ltd.
Pitfield, Milton Keynes, MK11 3LW, UK
UKHW020912180726
13838UKWH00002B/510

9 782329 320946